Gion Peder Thöni

So viel Geheimnisvolles Ob dem Stein

Die Sagen des Oberhalbstein

Gion Peder Thöni

So viel Geheimnisvolles Ob dem Stein

Die Sagen des Oberhalbstein

gesammelt und gesichtet,
sowie mit etwas Spannung und Farbe
versehen durch
Gion Peder Thöni

Freundlichen Dank

der Donat von Vaz-Stiftung, Vaz/Lenzerheide,
dem Amt für Kulturförderung des Kantons Graubünden,
sowie der Quarta Lingua, Vereinigung zur Förderung der
rätoromanischen Sprache und Kultur, Zürich,

welche die Herausgabe dieses Buches unterstützt haben,
sowie meiner Frau Claudia für die grosse Mithilfe
bei den Korrekturen.

Herausgeber:	Gion Peder Thöni, Riehen/Stierva
Verlag:	Bündner Monatsblatt, Chur
Layout und Druck:	Casanova Druck und Verlag AG, Chur
Illustrationen:	Pius Bergamin, Bonaduz

ISBN 3-90534-214-6

Sagenlicht

Dort geht ein Licht am dunkeln Hang,
wo schwarz die Tannen schatten.
Es wandert, wandert nächtelang
auf stillen Bergesmatten.

Und wo das alte Bergschloss ragt,
da klimmt es durch das Dunkel.
Die düstern Hallen unverzagt
durchwandelt sein Gefunkel.

Erst wenn sich Morgendämmern streut
um Wald und Firnenwände,
entflieht das Licht beim Frühgeläut'
und lischt am Steingelände.

Georg Luck
in: Rätische Alpensagen

Wo an sagenträchtigem Burggemäuer die Dohlen ...

Die Burg Riom, um das Jahr 1800
nach einem Bild in der Kantonsbibliothek Chur

Etwas wie eine Voraus-Sage

Ja, ein geradezu besonderes Schauspiel bieten sie, die Dohlenschwärme, welche sich bei den ersten winterlichen Kälteeinbrüchen von ihren sommerlichen Feriensässen im Gebirge in die etwas wirtlicheren Täler hinunterscheuchen lassen und sich dann besonders auch am ehrwürdigen Gemäuer der *Burg Rätia Ampla bei Riom* festklammern oder herumschwirren, die einen scheinbar freundschaftlich miteinander plaudernd, andere kreischend schimpfend, wie es halt Vogelschwärmen eigen ist, – als ob sie einander nicht nur von den Sommer-Erlebnissen berichten würden, sondern auch von weit, weit zurückliegenden Dingen. Eines jedoch scheinen sogar diese Galgenvögel auf dem Kerbholz zu haben: dass jene auf der anderen Talseite wohnenden Menschen – vermutlich aus purem Neid, weil sie selber keine so prächtige Burg haben – schon vor vielen Jahren den Bürgern ihres Nachbardorfes *Riom* einen offenbar sinnigen Über- oder Spottnamen angehängt haben: *igls tulàngs*, also: *die Dohlen.*

Dass dies aber wirklich durch jene «Neider» erfolgt sei, ist nirgends bewiesen, ist somit bloss *eine Sage*! – und liefert uns damit sogar einen ebenso schlichten wie treffenden Hinweis, wie Sagen überhaupt entstehen können.

Nun sind es freilich kaum die Dohlen, was den Blick des «vom Unterland» ins Oberhalbstein kommenden fremden Besuchers sogleich einfängt, sobald er den «Crap Ses» hinter sich hat, jenen das Tal nordwärts abriegelnden Felsen. Auf der Karte liest er diesen Namen, ahnt aber nicht, dass er dabei mit der Begegnung dieses ersten romanischen Namens bereits auf eine weitere, zwischen Sage und Wirklichkeit liegende Merkwürdigkeit stösst. Dieses «Crap» heisst nämlich landesüblich «Stein». Das «Ses» aber ebenfalls! Sodass wir bei diesem «Crap Ses» mit der geheimnisvollen Tatsache zu tun haben, dass dieser, den Eingang des Tales Oberhalb vom Stein bewachende Felsklotz also nicht mehr und nicht weniger heisst als *Crap Crap,* daher: Stein Stein!

Wie es zu dieser Namensgebung gekommen ist, mag schon an sich «sagenhaft» sein, weil es von einem regelrechten Zusammenprall zwischen zwei grossen Sprachkulturen Zeugnis geben könnte, der keltischen und der römischen. Hier war nämlich zu urgeschichtlicher Zeit die Heimat des keltisch/rätischen Stammes der Suaneten, bis um 15 v. Chr. die Römer Rätien bezwangen und es 450 Jahre beherrschten und ihre Kultur natürlich auch die Sprache beeinflusste [1]. (Zu dieser und allen Anmerkungen: siehe ab S. 180)

Dieses Wort «Ses» haben wir ihnen zu verdanken. Hat es doch seine allernächste Verwandtschaft im italienischen «sasso», und beiden steht das lateininische «saxum = Stein, Fels» zu Gevatter. Dieses «sasso» lebt übrigens noch ganz ausgeprägt weiter im Namen der Ortschaft Ober«saxen», das bei den Romanen folgerichtig Sur«saissa» heisst, was seinerseits wieder genau dasselbe ist, wie das im hiesigen Talnamen allgemein vertraute Sur«ses» = ob (dem) Stein, also unser «Oberhalbstein».

Nun, wenn man dieser sicher etwas eigenartigen Angelegenheit sogar eine Sage zugrundelegen möchte, indem man diesen Doppelnamen als Folge eines Zusammenpralles zwischen der siegenden römischen und der unterlegenen keltischen Kultur ansieht, begegnet der Besucher des Tales Ob dem Stein noch anderen Namen von Örtlichkeiten, in denen die Erinnerung an diese bösen Römer zumindest nebel-, oder eben «sagen»haft weiterschwelt.

Hört oder liest man doch ab und zu, dass jemand in einem Anflug poetischer Stimmung das Oberhalbstein auch als «das Tal der Julia» bezeichnet. Dabei weiss jeder sogleich, dass damit das dieses Tal durchfliessende Gewässer gemeint ist und dass dieses am Pass «Julier» seine Quelle hat. Es wissen aber nicht alle, dass dort oben, links und rechts der Strasse, zwei uralte Säulenfragmente stehen, welche von einem bescheidenen römischen Passheiligtum stammen (sollen). Und den wenigsten gar ist geläufig, dass man den Namen des Passes und des nahen Berges auf den römischen Feldherrn Julius Caesar zurückführt. Ebensowenig ist die *Sage* bekannt, dass auch dieser sich seinerzeit mit dem in der Region ansässigen und immer wieder nach Oberitalien eindringenden Stamm der Suaneten herumschlagen musste.

Schon vor 300 Jahren schrieb der Kapuziner P. Clemente da Brescia [2] auf, was ihm seine im Dorf Bivio missionierenden Mitbrüder berichtet hatten und was sich dort mit Bezug auf den Namen des grossen Römers hier erhalten hatte: Von Gallien herauf sei er mit seinem Heer angerückt, um das wilde Volk zu unterwerfen. Auf jener Ebene zwischen Bivio und dem Septimer habe eine gewaltige Schlacht stattgefunden, doch hätten die Römer den Gegner nicht zu bezwingen vermocht und sich über den Julier zurückgezogen. Auf dessen Übergang habe der Feldherr, auf das Schlachtfeld zurückblickend, ausgerufen: «*Julius Caesar*

9

hic reliquit Rhaetos indomitos!» Was also heisst: J.C. verliess hier die unbezwungenen Räter. Seither heisse der Berg eben Julier, ist also nach dem berühmten Feldherren benannt. Und jener Schlachtort im ebenen Feld der Tgavretscha trage immer noch den Namen «Camfèr», was nichts anderes bedeute als «Camp da fier», das Eisenfeld, vermutlich damit andeutend, es seien dort «eiserne Waffenteile» gefunden worden.

Vielleicht sollte zum besseren Verständnis der Lagekarte zu den Sagen doch noch erwähnt werden, dass es übrigens hier sogar noch ein *übergeordnetes Ob dem Stein* gibt, nämlich ein Sur«meir». Übergeordnet deshalb, weil es das gesamte Gebiet von Albulatal *und* Oberhalbstein umfasst. Mit «meir» bezeichnen die einheimischen Romanen eine andere Talsperre, nämlich die tiefe Schlucht des Schyn, welche bis zum Ausbau des Wegnetzes in Graubünden nach 1830 eine richtige Sperr-Mauer bildete. Und weil «meir» samt allen romanischen Varianten von «mir, moir, mür» seinen Ursprung im lateinischen «murus» hat, erscheint in alten Schriften oft der Name «sopra murus» für das Gebiet «Ob dieser Mauer», also «Sur-meir».

Sind wir dadurch aber mit all dem hier Berichteten nicht sogleich mitten in das hineingeschlittet, wovon dieses Buch berichten möchte? Nämlich einiges aus dem reichen Sagenschatz dieses Surses oder Ob dem Stein oder Oberhalbstein zu erzählen! Und verzeihen möge man gütiglich dem Bearbeiter, dass er sich die Freiheit genommen hat, die Sagen noch etwas sagenhafter aufzubauschen, ihnen sozusagen «etwas saftigeres Fleisch» anzusetzen und sie dadurch – wie er hofft – noch genüsslicher zu gestalten!

Und dabei möchten wir gerade einen der markantesten Punkte dieses Tales zum Ausgangspunkt für die Erzählungen machen, nämlich jene jedem Ankömmling sofort ins Auge springende Burg Riom, obschon sich diese wohl als geschichts-, hingegen aber gar nicht als dermassen *sagen*trächtig anerbietet.

Dass aber dieses Oberhalbstein nicht eine reiche *Sagen-Ernte* zu bieten vermag, wird nach Durchsicht des Buches kaum jemand zu bestreiten wagen. Als umso merkwürdiger muss man daher die Tatsache einstufen, dass die bedeutendsten Sammler von Bündner Sagen, *Dieter von Jecklin, Arnold Büchli* und *Georg Luck* nur kläglich wenige für ihre entsprechenden Veröffentlichungen gefunden zu haben scheinen. Ganz anders hingegen *Caspar Decurtins,* der für sein Monumentalwerk *Rätoromanische Chrestomathie* fast das gesamte noch auffindbare Sagengut Romanisch Bündens der Nachwelt erhalten hat, welches aber, da in der Sprache der romanischen Erzähler wiedergegeben, leider für so viele unzugänglich bleibt.

So möge auch dieses Sagen-Buch, das deshalb absichtlich in Deutsch erscheint, seinen Weg finden zu den vielen an diesem Kulturgut Interessierten, selbst unter der Gefahr, dass der eine der Leser manchmal ungläubig den Kopf schüttelt, der andere plötzlich das Buch zuklappt, weil ihm ob den da berichteten Dingen ein zu kalter Schauer über den Rücken läuft!

G. Peder Thöni

Wo es sich ereignet haben soll

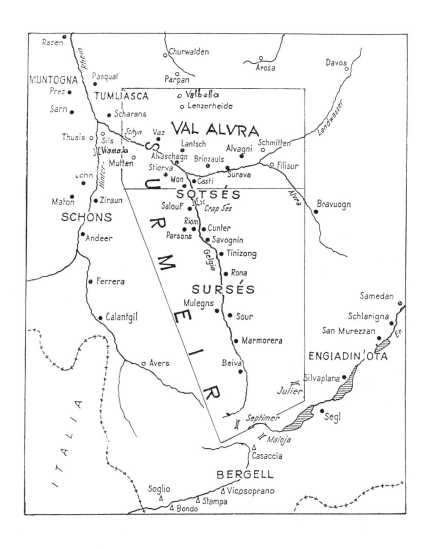

Der letzte Vogt auf Burg Riom

Nun, die Sage will wissen, der letzte Vogt auf Burg Riom sei ein Scarpatetti aus dem ganz nahen Cunter gewesen. Er sollte aber, weil das Volk es so wollte, trotzdem während seiner Amtszeit auf dieser das Tal überragenden Burg wohnen, was der ihm verliehenen Würde besser entsprach.

Das Ehepaar hatte ein einziges Kind, einen Sohn, der noch ein Knabe war, ein gar lebhaftes und unternehmungsfreudiges Bürschchen. Darum schloss ihn auch das gesamte Burggesinde sogleich ins Herz, auch wenn er in seinem Entdeckungsdrang die Nase in sämtliche Winkel der ehrwürdigen Baute hineinsteckte und manchen Wirbel verursachte.

Doch am liebsten habe der Bursche mit der Zeit ein gar verflixt gefährliches Spiel entdeckt und betrieben, besonders wenn er unbeaufsichtigt war. Vermutlich auch zur eigenen Mutprobe sei er zum Fenster der vom Gesinde am seltensten aufgesuchten Speisekammer im Dachstock hinausgeklettert und auf dem schmalen Dachgesims hin und her geschritten, möglicherweise sich vorstellend, er sei ein Zirkusgaukler wie jene, die ab und zu ins Tal kamen und ihre Vorstellung gaben.

Nur eines scheute er sich noch und schreckte davor zurück: dieses prickelnde Spiel auch auf der fürchterlich hohen Talseite der Burg zu wagen. Und doch reizte es den Wagemutigen ständig, es zu versuchen. So kam halt, was offenbar kommen musste. Auf einem vermutlich noch taunassen Ziegel glitt der Fuss aus, und er stürzte in die gähnende Tiefe und blieb unten mit zerschmetterten Gliedern tot liegen.

Man kann sich leicht vorstellen, welche furchtbare Aufregung und Trauer dieses Unglück bei allen Burginsassen auslöste, besonders bei den Eltern. Der Verlust ihres einzigen Kindes habe dem Vogt und seiner Frau dermassen Kummer bereitet, dass sie auf keinen Fall mehr an diesem Unglücksort wohnen wollten. Kurz darauf verliessen sie die Burg. Und weil das Volk gerade um diese Zeit, dem landesweit herrschenden Unabhängigkeitsstreben folgend, von seinem Oberherrn, dem Bischof, das Recht abgetrotzt hatte, selber seinen Landammann wählen zu dürfen, erklärte man sich auch damit einverstanden, dass dieser nicht mehr unbedingt von der Burg aus sein Amt auszuüben brauche. Seither wohnte keiner der Vögte mehr in der Burg Riom. Weiterhin aber beliess man hier die wichtigen Landesschriften und tagte an diesem Ort das hohe Gericht, ja, selbst das Gefängnis und die gefürchtete Folter hatten hier ihren Standort.

A. Grisch: En curt viada tras Surses e sia istorgia [3]*, desgleichen auch bei C. Decurtins: Rätoromanische Chrestomathie* [4]

Die Streiche der letzten Hexe

Wer durch das Haupttor die Burg Riom betritt, befindet sich sogleich in einem grossen Erdgeschossraum. Nur tut er es nicht mit bangem und klopfendem Herzen, wie vor Zeiten so manche armselige Sünder. Und die ärmsten davon jene der Hexerei und Zauberei Beschuldigten, allermeistens Frauen. Niemand von ihnen hatte etwas zu lachen, betraten sie dabei doch gerade den Raum, wo sich die gefürchtete Folter befand, samt dem Schauder einjagenden Rad und den Seilen, an denen man die Opfer an den Armen und mit Gewichten an den Füssen hochzog, um sie zum Eingeständnis ihrer Schandtaten zu zwingen [4].

Das alles musste auch jene «Missuia» von Tinizong erleiden, welche scheinbar als allerletztes hier gemartete Opfer diese Torturen über sich ergehen lassen musste [5]. Allerdings soll sie ein ganz niederträchtiges Hexenweib gewesen sein, unbekümmert darum, dass sie einen Bruder hatte – Tumasch, Thomas soll er geheissen haben – der sogar Pfarrer war und irgendwo im Bündner Oberland amtete. Als dann seine Schwester in derartiger Schande vor Gericht stand, soll er die Behörde inständig gebeten haben, in den Akten seine Schwester nur unter dem Namen «die

Missuia» aufzuführen, damit dem Familiennamen ja nicht für ewige Zeiten dieser Schandfleck anhafte.

Denn die Schwester war freilich der schändlichsten Hexerei angeklagt. Verhext soll Barbletta selber durch einen Kuss ihrer Patin worden sein, ihrerseits eine berüchtigte Hexe von Savognin. Missuia Barbletta bezichtigte man an ihrem Wohnort Tinizong eines gar fürchterlichen Verbrechens: eine ganze Reihe Kinder verhext zu haben!

Dies habe jeweils ganz unschuldig damit begonnen, dass Barbletta immer, wenn im Dorf ein Kind geboren wurde, sie um jeden Preis dessen Gotte, also Patin werden wollte. Später dann, als die Kinder grösser und verständiger waren, hiess sie diese zu ihr ins Haus kommen, um sie im Katechismus zu unterweisen, also ihnen Unterricht im Glauben zu erteilen. Das gefiel natürlich den Eltern gar sehr.

Was sie bei ihr lernten, sollte sich recht bald zeigen. Eines Tages musste eines dieser Mädchen ihren Vater in den Wald begleiten um ihm beim Ästeaufrüsten behilflich zu sein. Als die beiden bereits einen grossen Haufen geschichtet hatten, und bei der ungewöhnlichen Schwüle erbärmlich schwitzend und schier am Verdursten waren, klagte der Vater:

«Einen schrecklichen Durst habe ich!» Darauf seine Tochter:

«Ja, wenn du dich mit Milch begnügen wolltest, das könnte ich schon besorgen, Wasser aber nicht.»

«O, das wäre mir jetzt mehr als recht!» erwiderte der Vater ganz arglos.

Darauf geht das Mädchen zu einem Baumstrunk hinüber, murmelt dort unverständliche Worte indem es mit den Händen so etwas wie die Bewegungen beim Melken ausführt, – und siehe da! Sogleich beginnt bare weisse Milch in des Vaters Hut zu fliessen! Der verblüffte Vater steht verdattert und mit offenem Mund da, und nachdem er, obschon zögernd, den kühlenden Trunk doch genossen hat, will er natürlich wissen, wie das Töchterchen dies habe zustande bringen können.

«O, das hat mir meine Gotte beigebracht, und noch vieles mehr!» bekannte es freimütig.

Nach getaner Arbeit kehren die beiden heim, und selbstverständlich berichtet der immer noch verdutze Vater sogleich seiner Frau von der wunderbaren Milchkuh und welch wahre Wunder ihre Tochter zu vollbringen vermöge, und dies alles sei nur dem ausgezeichneten Religionsunterricht der Gotte zu verdanken.

Da die Sache nach und nach beiden doch nicht nur recht seltsam, sondern gar unheimlich vorkam, berieten sie mit anderen

Eltern, deren Kinder dieselbe Barbletta zur Gotte hatten, ob sie auch Ähnliches erlebt hätten. Da dies wirklich der Fall zu sein schien, wurde man sich recht bald bewusst, dass es sich da nur um schwärzeste Hexerei handeln konnte. Doch was tun, um diesem schrecklichen Übel einen Riegel zu schieben? Nach langem Hin und Her wurde man einig, das könne ja nur geschehen, wenn man sämtliche Patenkinder der Missuia umbringe. Und zwar indem man ihnen die Hauptschlagader öffne, damit alles vergiftete Blut herausfliesse. So geschah es auch, weil es halt sein musste!

Ja, wegen solchen und anderen Schandtaten stand nun Missuia Barbletta vor dem hohen Gericht in der Burg Riom. Und sie eingeklagt hatte ein Student des Klosters Disentis. Und dies kam so:

Diese Barbletta gab sich zeitweise sogar als Klosterfrau aus, trug dann auch ein entsprechendes weisses Nonnengewand. Und nun stand sie hier vor den strengen Richtern, verklagt eben durch jenen Theologiestudenten von Disentis, wohin sie sich einmal im Klostergewand zu einem Pilgeranlass begeben hatte. Statt dort aber ordentlich christlich und andächtig die hl. Messe mitzufeiern, habe sie nur in der offenen Kirchentüre verharrt und – o Schande! mit hochgezogenen Rockschössen dem Altar den Rücken zukehrend. Mit anderen zusammen habe jener Student dieses schändliche Tun beobachten können und es sogleich dem Hochwürdigen Abt berichtet.

Dieser nahm die schamlose und sogar falsche Klosterfrau scharf ins Gebet und gab ihr darauf unter Drohung mit einer unbarmherzigen Strafe einen versiegelten Brief mit für den Pfarrer von Tinizong. In der Folge wurde sie sogleich verhaftet und der heiligen Justiz übergeben, welche den ordentlichen Prozess veranstaltete, selbstverständlich unter Anwendung der üblichen Folter, um ja das Bekenntnis aller ihrer Schandtaten herauszupressen [5].

Doch dabei geschahen weitere merkwürdige Dinge. Eben als die Henker wiederum daran waren, sie am Rad hochzuziehen, soll ein gewisser fremder Pater namens Pulogn in der Türe erschienen sein, welcher aber die Henker sogleich ausgelacht habe mit der Bemerkung: ob sie denn nicht sähen, dass sie hier nur einen Besen am Seil hätten? Die Hexe selbst hocke ja dort hinten in jener Ecke und lache sich den Buckel voll!

Darauf habe Barbletta ihm giftig zugeschrien: «Pulogn, Pulogn! Nimm dich in Acht, was du da plauderst! Du hast ja selber einiges auf dem Kerbholz! Hast du nicht jenes Mal Heu gestohlen, als du im Heuschober in den Sumpfwiesen bei Rona übernachtetest und nachher noch deine Schuhe mit Heu vollstopftest, hä?»

Ganz bleich geworden ob dieser Enthüllung musste der Pater

zerknirscht diesen Diebstahl eingestehen, versuchte aber sich zu rechtfertigen: dafür habe er ganz besonders für die Seelenruhe der Besitzer des Heuschobers gebetet!

Selbstverständlich wurde die Miss*u*ia Barbl*e*tta zur üblichen Strafe verurteilt und sollte dort drüben in Burvagn, auf dem Richtplatz des Galgens hingerichtet werden. Doch vorher leistete sie sich, wohl als Rache, noch einen letzten schlimmen Streich.

Als man die Miss*u*ia den Burghügel hinunterführte, habe sie den ihren letzten Gang mitbegleitenden Landvogt gefragt, ob sie nicht einen sie erleichternden Seufzer tun dürfe. Natürlich dürfe sie es, war dessen gnädiger Bescheid. Also habe sie einen herzhaften und tiefen, aber merkwürdig gurgelnden Seufzer von sich gegeben. Dass dies ein letzter Racheakt ihrer Hexenkunst gewesen sei, sollte sich bald herausstellen: denn genau zur selben Zeit, als Barbletta den Seufzer getan habe, sei nämlich im Stall des Landvogts, der sie gerichtet hatte, dessen schönste Sau verendet [6].

A.Grisch: En curt viada tras Surses

Wehe, wer da gefangen sass!

Ja, wehe dem, der etwas auf dem Kerbholz hatte und zu einer Gefängnisstrafe verurteilt wurde! Denn das Verlies des Tales befand sich in der Burg und muss ein schauerlicher Raum gewesen sein! Dem Besucher der Burg fällt im Erdgeschoss sogleich jene Türe an der Wand zum Turm auf, wo hinter meterdicker Mauer einst das Gefängnis lag. Dieses muss schon deshalb ganz schrecklich gewesen sein, weil vollkommen ohne Fenster und somit ohne Tageslicht, daher umso schauriger, weil kein sonstiger Zugang bestand [7].

Dieser war nur vom einzigen Obergeschoss aus möglich, wo sich sämtliche Wohnräume befanden. Durch eine Türe in der anstossenden Turmmauer gelangte man zu einer Treppe, die aber nur zu einem Zwischenboden führte. Erst in der Tiefe darunter war das Verlies, sodass die Gefangenen noch an einem Seil bis auf den Boden des Turmes hinuntergelassen werden mussten.

Wirklich, schon dies tönt fast wie eine Sage. Aber noch mehr die Geschichte um den späteren Ausbruch einer Türe vom Erdboden aus!

Weil die Mauern des Turmes meterdick waren, musste man sich entschliessen, den Ausbruch – wofür man natürlich nur Handmeissel kannte – wohl oder übel auch von innen her vorzunehmen. Doch fand sich gar niemand, der sich dort hinuntergetraut hätte; denn allgemein herrschte der Glaube, dieser schauerliche Raum in der Tiefe des Turmes – womöglich noch tiefer als dieser – könnte voll Wasser sein, ja, selbst von Schlangen und giftigem Ungeziefer wimmeln.

Endlich liess sich, unter allerhand Versprechungen, ein beherzter Bürger herbei, das Wagnis auf sich zu nehmen. Der einzige mutige sei ein Andreas Fridly gewesen [8].

Wie dermalen die armen Verurteilten, liess man nun diesen Fridly an Seilen gesichert und mit einer brennenden Fackel versehen in die Tiefe. Doch sobald er Boden unter den Füssen hatte und den Raum zu untersuchen begann, machte er eine fürchterliche Entdeckung: immer noch an einem Pfahl angekettet erblickte er das Skelett eines hier offenbar erbärmlich zugrunde gegangenen Eingekerkerten.

Da ihn aber sonst gar nichts Gefährliches bedrohte, machte er sich an die ihm aufgetragene Arbeit. Wohl mögen ihm dabei allerhand Gedanken durch den Kopf gegangen sein, sich vorstellend, von welch traurigem Schicksal die hier eingekerkert Gewesenen alles zu erzählen wüssten!

A. Grisch, En curt viada tras Surses

Der Heilige von Manzìel

Dieses brave Männchen – es nannte sich Gion Nutegn – soll nämlich vor sehr vielen Jahren als Einsiedler in Tgadavains unterhalb des Maiensässes Manzìel gewohnt haben, sich vom mageren Ertrag eines kleinen Ackers, von der Milch einer Geiss und von Beeren und Früchten ernährend. Etwas zweifelhaft erschien allerdings doch vielen, begreiflicherweise besonders dem neuen Pfarrer von Riom, sein Ruf der Heiligmässigkeit, weil er gar nie zum Gottesdienst im Dorf erschien.

Solches stiess dann erst recht dem guten Pfarrer sauer auf. Daher liess er ihn einmal auffordern, doch ins Pfarrhaus zu kommen, damit er ihn überhaupt kennenlernen könne. Aber auch, um ihm ins Gewissen zu reden und zu mahnen, welch schlechtes Beispiel er dadurch halt den anderen Leuten gebe, weil er nie die Messe besuche und man ihn trotzdem für einen Heiligen ausgebe. Als solcher müsse er doch erst recht den Sonntag ehren und auch von Zeit zu Zeit den Leib des Herrn empfangen, um Gott die Ehre zu erweisen! Allerdings sollte der Pfarrer eine nicht geringe Überraschung erleben.

Tatsächlich erschien der Gerufene, und zwar just an einem jener Apriltage, als es ständig zwischen Schneegestöbern und Regenschauern, aber auch kurzen Aufhellungen abwechselte. Begreiflicherweise trug der Mann noch seinen dicken Wintermantel.

In die Pfarrstube tretend, begrüsste der Einsiedler den Pfarrherrn sittengemäss mit dem frommen Gruss: «Gelobt sei Jesus Christus!» – schaute sich aber sogleich um, wo er seinen Mantel aufhängen könnte. Tja, die für diesen Zweck bestimmten Haken seien im Gang draussen, beschied der Pfarrer.

Dies schien der Mann gar nicht gehört zu haben, da er wie versonnen auf den goldhellen Strahl starrte, welchen die Sonne gerade in diesem Augenblick durchs kleine Fenster an die gegenüberliegende Wand warf. Ohne ein Wort zu sagen hängte der sonderbare Geselle seinen Mantel an diesem Strahl auf, und siehe! – dieser blieb schön dort hangen, selbst als sich der Gast nun dem Hausherrn zuwandte. Dieser aber war ob des Gesehenen dermassen verblüfft, dass er alle vorbedachten Vorwürfe hinunterwürgte.

«Guter Mann», brachte er doch hervor, «ich sehe, dass Ihr kein schlechter Mensch seid. Geht nur in Eure Klause zurück und lebt so weiter, wie bisher!»

Was jener auch tat. Und das Volk ihn, als das Geschehene ruchbar wurde, erst recht für einen Heiligen hielt. Und selbst der Ort, wo er gewohnt hatte, wurde später «igl Sontget» – beim Heiligen – genannt, und so heisst es noch.

C. Decurtins: Rätorom. Chrestomathie, A. Grisch: En curt viada tras Surses

Die Haselnüsse in Padnal

Wird da nämlich erzählt, eine biedere Frau aus Marmorera sei auf dem Heimweg von ihren Einkäufen in Savognin gewesen. Dorthin mussten die Leute von ganz Surgôt kommen, um sich das zu besorgen, was man nicht selber anpflanzen oder herstellen konnte, gab es hier doch den einzigen Laden des Tales. Nun, sowohl wegen dieser Besorgungen als auch von einigen Schwatzbasen aufgehalten, hatte sie sich derart verspätet, dass die Nacht schon hereingebrochen war, als sie erst am Hügel von Padnal vorbeikam. Bei dem hellen Mondschein erschienen ihr die dortigen Ruinen noch geheimnisvoller, als wofür sie diese jeweils am hellen Tage gehalten hatte. Und die Frau wusste gar wohl, was herumgeboten wurde: es sei hier gar nicht immer ganz geheuer.

Dies sollte sie bestätigt bekommen durch das, was sie plötzlich in einer Ecke des alten Gemäuers erblickte: auf Heutüchern gebettet lagen Unmassen von regelrechten Haselnüssen. Starr vor Staunen, aber auch von einem den Rücken hinunterrieselnden Schauer, starrte sie wie gebannt auf das, was sie sah oder zu sehen vermeinte. Da sich aber sonst gar nichts ereignete, kein Laut sich vernehmen liess, sie sich nach wiederholtem Augenreiben sagen musste, es sei doch kein Hirngespinst, fiel ihr sogleich ein, welche Freude sie mit den Haselnüssen ihrer Kinderschar bereiten könnte. Also raffte sie zusammen, was in Taschen und Tüchern Platz hatte. Voller Vorfreude, welchen Genuss sie da ihren Kindern zu bieten vermöge, da bei ihnen die Haselnüsse rar waren, schritt sie zügig aus, obschon sie bald die zusätzliche Last zu spüren bekam.

Daheim leerte sie sogleich Tücher und Taschen und schüttete die Nüsse gleich auf den Stubentisch aus, noch bevor sie in der Aufregung Zunder und Stein fand, um Feuer zu schlagen, wobei sie nicht wenig erschrak ob dem merkwürdigen metallischen Geklirre, das die Haselnüsse verursachten, als sie über den Tisch rollten. Und jetzt, trotz des nur fahlen Lichtes, fiel sie beinahe in Ohnmacht ob des Anblicks, der sich ihr darbot: auf dem Tisch lag ein Haufen glänzender Goldmünzen!

Ja, ja, steinreich war sie plötzlich geworden! Und man erzählt, mit dem Geld habe sie mehr als eine der grössten und heureichsten Wiesen kaufen können, als solche feil wurden, und noch manches dazu. Noch heute heisse in Marmorera eines dieser Grundstücke «igl pro dallas nitscholas» – die Haselnuss-Wiese.

C. Decurtins: Rätorom. Chrestomathie

Wie ein Geissbub reich wurde

Als der Geisshirt von Salouf eines Tages seine Geissen auf die Waldweiden ob Del treiben wollte, liessen sich diese zuerst eine ganze Weile die saftigen Gräser auf der Kuppe der Motta Vallac schmecken. Ihnen dies gerne gönnend, streifte der Bub über die Weide, auf Entdeckungen ausgehend, hatte auch er doch gehört, was man sich erzählte: hier habe sich einst ein prächtiges Schloss befunden, und wer Glück habe, dem könnte sogar eine angenehme Überraschung zuteil werden.

Und das schien sogar wahr zu werden! Wirklich ganz unerwartet erblickte der Bub in einer kleinen Mulde zwei ausgebreitete Heutücher, worauf haufenweise lauter Haselnüsse lagen. Bevor der Hirt jetzt seinen davoneilenden Geissen nachrennen musste, liess er es sich doch nicht nehmen, alle vorhandenen Säcke vollzustopfen. Und nachdem er dann die Herde auf die richtige Tagesweide gebracht hatte, setzte er sich auf einen Stein, um einige der schönen Nüsse zu knacken. Aber, welch ein Wunder! – Schon beim ersten Griff in den Hosensack hielt er statt der Haselfrüchte lauter Goldstücke in der Hand! Nach der ersten Verblüffung doch recht schnell erkennend, was das bedeute, leerte er alle Taschen und versteckte den goldenen Schatz unter einen hohlen Baumstrunk, rannte Hals über Kopf zurück auf die Motta Vallac. Doch da erlebte er die fast noch grössere Überraschung: obschon er doch noch ganz genau wusste, wo er die Mulde gesehen hatte, – da war gar nichts mehr von den Blachen und Haselnüssen zu entdecken, von Goldstücken ganz zu schweigen!

C. Decurtins: Rätorom. Chrestomathie

Der Raubritter von Marmels

Wer auf seinem Weg ins Engadin glücklich die letzte grosse Steigung bis zum Seedamm von Marmorera genommen hat, wird vermutlich nur Augen haben für das sich vor ihm öffnende Bild von See und Bergen; bestimmt sucht nur der Blick des Eingeweihten zuerst rechterhand des Dammes, in der Felswand klebend, die Ruine der einstigen Burg der Ritter von Marmels. Doch halt! – diese Meinung könnte sich ändern, wenn man erfährt, dass einer der ersten der Sippe nichts anderes als ein gefürchteter Raubritter gewesen sein soll, der es an diesem wichtigen Handelsweg über die Alpen gar arg getrieben habe mit Überfällen auf Kaufleute und vornehme Reisende, um sie zu kapern und von ihnen oder ihren Angehörigen fette Lösegeldsummen zu erpressen. Daher sind mit dem Gemäuer dieser Ruinen über dem See recht unliebsame Geschichten verbunden.

Einst soll auch ein gar hoher Kirchenfürst, der Kardinal Cinci, mit seinem Tross von Italien her diesen Weg gewählt haben. Davon muss der Oberräuber auf seinem Lauerhorst, – Andreas von Marmels hiess er – offenbar durch seine Spione erfahren haben. Prompt ging «der Vogel» an einem engen Durchpass in die Falle und wurde in die Burg verschleppt. Doch durch Leute seiner Begleitung, denen die Flucht gelungen war, gelangte die Kunde allsogleich zum Schutzherrn dieser Handelswege, dem edlen Rudolf von Vaz.

Dieser erschien dann im Auftrag seines Oberherrn, des Bischofs, auch bald darauf mit bewaffneter Macht und sperrte Zu- und Ausgang der Räuberburg ab, um unter scharfer Drohung Andreas zur Herausgabe seiner wertvollen Beute zu zwingen. Doch vergebens, denn der schlaue Burgherr hatte sich gut vorgesehen und für solche Fälle genügend Vorräte angelegt. Und zum nötigen Wasser kamen sie scheinbar durch einen unterirdischen Gang. Daher waren die Banditen weder durch drohenden Hunger noch durch Durst zu einem Einlenken zu bewegen. Und wochenlang konnten die Belagerer ihre Umzingelung auch nicht aufrechterhalten.

In dieser Klemme hörte der Ritter von Vaz auf den schlauen Rat eines seiner Getreuen. Einer Gruppe wagemutiger Krieger wurde der Auftrag erteilt, die Rückseite des Felsens zu erklettern, der heute noch wie ein schirmendes Dach über die darunter-

liegende Nische hinausragt, in welcher die Burg hineingebaut war. Fest angeseilt wurden die Beauftragten auf diesen Vorsprung hinuntergelassen. Und von oben schob man ihnen die mit Baumharz und Pech gefüllten Säcke zu, welche jene darauf anzündeten und auf die Schindeln des Burgdaches hinunterfallen liessen. Natürlich fing dieses ganz dürre Holz sofort Feuer und setzte auch das übrige Gebälk im Innern der Burg in Brand. Wollten Andreas und seine Bande nicht lebendigen Leibes geröstet werden, mussten sie ins Freie flüchten und sich den Belagerern ergeben.

Ob es ihnen aber vielleicht gelungen war, sich durch den unterirdischen Gang davonzumachen, davon erfährt man jedoch nichts. Möglich ist es ja durchaus. Gemunkelt wurde nämlich lange nachher, es sei dem Raubritter gelungen, die meisten durch solche Überfälle angehäuften Schätze zu retten und sie vorerst in den Kellern seines in der Nähe liegenden Turmes Splidatsch zu vergraben.

Auffällig ist es nämlich schon, dass man auch nichts davon hört, man hätte den sauberen Ritter zur Rechenschaft gezogen. Im Gegenteil, böse Mäuler wollten wissen, er habe sich mit Hilfe seines Raubgutes von einer Strafe loskaufen können!

Offenbar scheinen diese mehr als unsauberen Flecken auf dem Kleid dieses Vorfahren seinen Nachkommen kaum merklich geschadet zu haben. Denn spätere davon gelangten zu keinem geringen Ruhm, und zwar in bestem Sinn. So nicht zuletzt jener, der wegen seines lahmen Beines als «Andreas Stelzfuss» in die Geschichte einging [9].

Wieder aufgebaut wurde die Burg durch niemanden mehr, und des Andreas Sippe wanderte aus und siedelte sich unten in Tinizong an, und sie wurde zu einem ebenso blühenden wie ehrsamen Geschlecht.

C. Decurtins: Rätorom. Chrestomathie. A.Grisch: En curt viada tras Surses

Das geheimnisvolle Turmtor

Dass beim Turm Splidatsch irgendetwas nicht geheuer war, das beschwor der biedere Bauer Gion von Cresta bei jeder Gelegenheit, hatte er es doch selber erfahren. Er, der sein just am Fusse der Burg Marmels gelegenes Höflein bewirtschaftete, hatte dem Schmied von Furnatsch ein Gerät zum Wiederinstandsetzen gebracht und befand sich gegen Abend auf dem Heimweg. Ohne etwas Besonderes zu suchen liess er seinen Blick zum Turm hinüberschweifen. Dabei stutzte er jäh, fiel ihm doch etwas auf, was er bisher wirklich nie bemerkt hatte: in der talseitigen Mauer zur Strasse hin ein mächtiges eisernes Tor.

Natürlich stach ihn der Gwunder, und er verliess seinen Weg und stieg den kleinen Turmhügel hinauf. Sogleich sah er, dass es keine Täuschung gewesen war, und zudem gewahrte er jetzt an diesem Tor einen gar starken eisernen Querriegel, den er aber trotz mächtiger Anstrengung einfach nicht zurückzustossen vermochte. Das wollte er aber doch, Potz Teufel und Satan! Denn plötzlich fuhr ihm wieder das durch den Kopf, was auch er erzählen gehört hatte: im Turm lägen riesige Schätze verborgen.

Ohne starkes Werkzeug liess sich dieser Teufelsriegel aber auch nicht um Fingerbreite bewegen! Darum machte sich Gion eiligst auf und rannte schier das nicht weite Wegstück in sein Cresta hinauf, um daheim das nötige Werkzeug zu holen. Kaum ein halbes Stündchen später war er wieder beim Turm, – aber wer beschreibt sein Erstaunen? – wie er sich auch fast die Augen ausrieb, – da war weder von einem eisernen Tor, noch einem Riegel daran etwas zu sehen! Und dabei hätte Gion es mit dem heiligsten aller Schwüre bezeugt, genau gesehen zu haben, wo alles gewesen war!

C. Decurtins: Rätoroman. Chrestomathie

Der verhexte Geissbock

Dass der Geissbock seiner Herde ein verkappter Teufel sein müsse, das merkte der Geissbub von Mulegns erst an jenem Tag. Wie so oft trieb er seine Schützlinge auch heute bis auf die Weide in der Nähe von Splidatsch hinauf, wie es verbürgtes Recht war.

Als der Hirt dann am Abend seine Tiere wieder einsammelte, um sie nach Hause zu treiben, fehlte dort ausgerechnet der schöne, stattliche Geissbock des Gemeindevorstehers. Dummerweise merkte es der Bub erst unten im Dorf. Wissend, dass es seine Pflicht sei, machte sich der gewissenhafte Hirt umgehend auf, den Ausreisser zu suchen. Und was entdeckte er, in die Nähe des Turmes gelangend? Den vermissten Bock!

Doch, – welche Überraschung! Derselbe hockte steifbeinig und in drohender Gebärde dicht bei der Mauer auf einer mächtigen eisernen Truhe und hielt ein Bündel Schlüssel im Maul. Obschon dem starken Buben mehr als ein eigentümliches Schaudern durch die Glieder fuhr, verliess er sich darauf, dass der Bock ihn doch gut kenne, und er versuchte mit freundlichen und schmeichelnden Worten das Tier zum Mitkommen zu locken. Doch da half weder Schmeicheln noch Drohen, weder Hinstrecken der Hand mit Salzlecke noch Schwingen des Stockes, weder Beten noch Fluchen! Das Biest tat keinen Wank.

Gar verzweifelt gab der Bub schliesslich die Versuche auf und eilte heimzu, dort etwaige Hilfe zu holen. Und bergab flog er in mächtigen Sätzen, war ihm doch ständig, als stürme ein Unsichtbarer hinter ihm her.

Auf seine Kunde lief in Mulegns sogleich immer mehr Volk zusammen, und dabei brachte jemand auch die öfters herumgebotene Geschichte ins Gespräch, nämlich, dass im Turm dort oben ein riesiger Schatz versteckt sei. Nur sei es halt sehr, sehr selten, dass man dank irgendeinem besonderen Ereignis – wie eben jetzt durch diesen Geissbock – geradezu aufgefordert werde, den Schatz zu heben. Bester Beweis: die Schlüssel im Maul des Tieres.

Dies kaum gesagt und gehört, stachelte es sogleich den Wagemut etlicher Männer und Burschen auf. Potzteufel! – man musste doch diese scheinbar klare Einladung nutzen! Und wer mochte nicht eine solche Gelegenheit ergreifen, um gar mit einem Schlage reich zu werden! Also machte man sich voller Erwartung auf den Weg, zur Sicherheit doch mit Knüppeln bewaffnet.

Aber, o je! – bei dem Turm von Splidatsch war da nichts mehr als das alte kahle Gemäuer zu sehen, weder von einem Bock, noch von einer Truhe oder gar von den beschriebenen Schlüsseln.

C. Decurtins: Rätorom. Chrestomathie

Der Mesmer verpfuschte alles!

Es war an einem schönen hellen Herbstabend, übrigens am St. Gallustag, dem Kirchweihfest von Bivio. Just daran, also an der feierlichen «purdan*anza*» des Ortes, hatte auch der Pfarrer von Sur in Begleitung seines Mesmers teilgenommen, hatten fromm gebetet, der geistliche Herr eine feurige Predigt gehalten, beide tapfer gegessen und – wie ja zu verzeihen war – auch dem guten aus dem Veltlin herübergesaumten Tropfen ordentlich zugesprochen.

Gerade Letzteres mochte der Grund sein, dass sie sich erst gegen Abend, doch recht frohgelaunt, wenn nicht gar einwenig angeheitert, auf dem Heimweg befanden. Trotzdem fanden sie sich fähig, ganz ernsthafte Probleme zu bereden, so vor allem über die böse Not der Zeit und wie halt überall das liebe Geld fehle, um das harte Los der Leute zu erleichtern.

So mag es sich ganz von selbst ergeben haben, dass der fromme Kirchendiener schon beim Durchqueren der Sümpfe bei Marmorera auf den nächstens auftauchenden Turm von Splid*a*tsch zu sprechen kam, und eben, dass dort scheinbar gar nicht nur kleine Schätze verborgen lägen, dank denen dem ganzen Tal Surses auf einen Schlag aus der beissenden Not geholfen werden könnte. Seiner, das heisst, des Mesmers Meinung nach, sollte man doch einmal den Versuch machen, dieser Schätze habhaft zu werden.

Nun, zu seiner nicht geringen Überraschung, hält da sein Brotherr plötzlich an, wendet sich zu ihm und sagt: «Tja, wenn du es zu wissen begehrst, – ich wäre durchaus imstande, die vergrabenen Schätze heraufzuholen oder zumindest sichtbar zu machen! Nur müsstest du ganz genau meine Anordnungen befolgen.»

Der Mesmer ist trotz dieser überraschenden Eröffnung hoch erfreut, besonders weil er im Geist sich sogleich schon mit einem Haufen Gold belohnt und als reicher Mann sieht. «Aber natürlich, natürlich, Hochwürden, werde ich alles genau befolgen!» beeilt er sich, zu versichern.

Begreiflich, dass beide sich nun erst recht sputen, sodass sie ein Viertelstündchen später schon beim Turm Splid*a*tsch stehen. Sogleich befiehlt der geistliche Herr seinem Diener strengstens, absolute Stille einzuhalten, ja keinen Laut entwischen zu lassen, selbst dann, wenn er vielleicht erschrecke, – andernfalls sei möglicherweise alles für die Katze.

Hoch und heilig verspricht es der Mesmer, nicht ohne zu betonen, er sei ja auch sonst ein mutiger Mann, fürchte weder den Teufel noch dessen Grossmutter, geschehe was da wolle.

Darob beruhigt geht der geweihte Herr sogleich ans Werk. Als erstes zieht er mit seinem Stock einen grossen Ring am Erdboden. Darauf holt er aus der tiefen Tasche seines Talars das heilige Brevier hervor und beginnt darin laut zu lesen, eine Litanei nach der anderen, und dies lange, endlos lange, bis, – ja, bis sich tatsächlich etwas tut: im Erdboden, zuerst allerdings noch weit weg, macht sich ein dumpfes Rumoren bemerkbar, dann stets unheim-

licher, wird stärker, schwillt immer mehr an, kommt immer näher und immer bedrohlicher. Dazwischen tönt es deutlich, als ob jemand Eisenketten über einen Steinboden schleifen würde. Je näher und gewaltiger der höllische Lärm kommt, desto rascher liest der Pfarrer seine Beschwörungen. Ja, ihm lief schon seit einer Weile der dicke Schweiss von der Stirne und tropfte zu Boden.

Und da, – ganz unerwartet und aus dem baren Boden auftauchend, stand er vor ihnen, – der Teufel, gehörnt und bocksfüssig, wie seit jeher beschrieben. Und neben ihm lag ein riesiger Sack, – natürlich die begehrten Schätze enthaltend, – was denn sonst? Des Gehörnten Fratze aber war dermassen grimmig, und seine Augen schossen derartige Feuerblitze, dass es selbst dem so mutigen Mesmer einfach zu viel wurde. Er konnte gar nicht anders, als seinem Schrecken mit einem erstickten Schrei Luft verschaffen. Mit diesem zusammen aber verschwand der Teufel, wiederum vom Erdboden verschluckt, und mit ihm natürlich auch der Sack mit den Schätzen.

«O du siebenmal gehörnter Hornochs!» prasselte des geistlichen Herrn Wut auf seinen Kirchendiener nieder. Aber was half auch dieser fromme Fluch? Der Schatz war und blieb verloren, und die Leute arm wie vorher [10).

C. Decurtins: Rätorom. Chrestomathie, A. Grisch: En curt viada tras Surses

Der Einsiedler von Val Faller

Im Val Faller, dem lieblichen Seitental von Mulegns, wo sich einst ein eingewandertes Völklein niedergelassen und die Wildnis gerodet hatte [11], kennt man noch heute «La funtanga digl sontget», die «Quelle des Heiligen».

Ganz in der Nähe befand sich vor vielen Jahren ein bescheidenes Häuschen, das einem Einsiedler als Behausung diente. Dieser hatte sich vor der so verkommenen und schlechten Welt in diese völlige Einsamkeit geflüchtet. Seine recht erbärmliche Wohnstatt verliess er sozusagen nur, um Kräuter, Wurzeln und Beeren zu sammeln, womit er sein Leben fristete. Selbst am Sonntag ging er nirgends zu einem Gottesdienst hin. Dies kam nach und nach auch dem Pfarrer von Riom zu Ohren, wo damals die einzige Kirche von ganz Surses stand und es somit nur diesen alleinigen Pfarrer gab. Und weil er doch einmal diesen merkwürdigen Gesellen zu begutachten wünschte, liess er ihm den Wunsch überbringen, er möge am kommenden Sonntag zur hl. Messe nach Riom kommen.

Dieser Aufforderung wagte der Einsiedler doch nicht zu widerstehen, und so machte er sich, seinen alten und von Motten merklich zerlöcherten Mantel über die Schulter werfend, andächtig betend auf den Weg talauswärts. In Riom angekommen und den zahlreichen so sonntäglich gekleideten Kirchgängern begegnend, wurde ihm aber unter Schrecken bewusst, in welch schäbiger Kleidung er selber daherkomme. Und darum wagte er nicht, sich zu den anderen Leuten in die Kirche zu setzen. Er schlich von der Hinterseite der Kirche her in die Sakristei, um von dort aus dem heute offenbar besonders feierlichen Gottesdienst beizuwohnen.

Bevor er dort auf dem Steinboden niederkniete schaute er sich schüchtern nach einer Gelegenheit um, wie er seinen Mantel aufhängen könnte, denn durch diesen die bereits an ihren Haken hangenden ehrwürdigen Kirchengewänder zu entweihen getraute er sich nicht. Im selben Moment brach gerade die Sonne durch die Wolken, warf einen starken Strahl durch das Fenster bis zu der gegenüberliegenden Wand des mit Weihrauch gefüllten Chores, sodass es ganz nach einem gespannten Seil aussah.

Schon seit einer Weile hatten die beim Gottesdienst als Ministranten dienenden Buben nach dem so überraschend aufgetauchten Fremden und seinem Getue geschielt, – Lauskerle, wie sie zu allen Zeiten und überall zu finden sind – und einander wohl mit stummen Blicken angedeutet, dass man sich mit diesem ein Spässchen erlauben könnte. Mit Gesten und Handbewegungen deuteten sie ihm, er solle seinen Mantel doch an diesem gespannten Seil befestigen! Das tut dieser dann auch, – aber nun fallen die Galgenvögel fast um vor Verblüffung, – denn das Gewandstück bleibt tatsächlich an der Sonnenschnur hangen!

Nun wird selbst der Pfarrer am Altar auf die unbegreifliche Unruhe seiner Diener aufmerksam, ja, verliert für einen Augenblick sogar den Faden in seinem Beten. Und auch er kann nicht anders, als wie gebannt auf das Wunder zu starren. Seine bübischen Helfer haben bereits das Lachen vergessen.

Nach der doch noch glücklichen Beendigung der Feier erwartet der arme Einsiedler nichts anderes, als dass er durch den Pfarrer abgekanzelt werde. Doch dieser schaut ihn nur lange von oben bis unten an, und ihm die Hand reichend sagt er: «Kommt nur ins Pfarrhaus hinüber zu einer kleinen Stärkung, und dann, guter Mann, geht wieder dorthin zurück, wo ihr herkommt und führt weiterhin Euer gottesfürchtiges Leben wie bisher!»

Beides tat jener auch sogleich. Aber nach seinem Tod nannte das Volk von Mulegns die Quelle, welche dem Einsiedler das lebensspendende Wasser geschenkt hatte: «die Quelle des Heiligen», und dieser Name blieb bestehen.

Sep Poltera, Rona, bei A.Grisch: En curt viada tras Surses.

Die bös bestrafte Neugier

In einer nicht etwa stürmischen, doch allerdings etwas düsteren Nacht geschah es, dass eine Frau von Salouf, welche in einem Haus genau dem Weiler Burvagn gegenüber lebte, zur Mitte der Nacht aus dem Schlaf aufgeschreckt wurde, und dies zuerst infolge eines wahrhaft unglaublichen, wenn nicht geradezu höllischen Lärms von der anderen Talseite her. Doch nicht minder unheimlich war die ebenso feurige Helle, welche das dortige Gelände in stärkstem Tageslicht erscheinen liess.

Obschon von einer inneren Stimme gewarnt, konnte die Frau des Hauses schliesslich ihre Neugier einfach nicht mehr zügeln, um zu sehen, was dort drüben geschehen mochte. Hätte sie der Versuchung doch besser nicht nachgegeben! Zwar öffnete sie die Fensterläden nur gerade um einen Spalt, aber dies sollte schon zu viel sein. Denn im selben Augenblick setzte genau vor ihrer Schlafkammer ein fürchterliches Gepolter ein. Und sogleich fing in der Nebenkammer ihr noch in der Wiege schlafendes Mägdlein mörderisch zu schreien an.

Hals über Kopf stürmte die erst recht erschreckte Mutter hin, es zu beruhigen, blieb aber vor Entsetzen wie gelähmt und musste sich an der Bettkante festklammern, – denn die Wiege war leer!

Und sogleich musste sie erkennen, dass das Schreien ja vom Gang hereintönte. Sich trotz der Bestürzung einwenig fassend, stürmte sie unter dem Aufschrei: «Jesus, Maria! O helfet! Helft!» zur Kammertüre hinaus. Und was musste sie Schreckliches sehen: genau auf der Kante des Treppengeländers, halb innen, halb aussen und frei schwebend, sass ihr Töchterchen und schrie immer noch jämmerlich.

«Isasmar*e*ia da D*i*a e da tots igls sontgs!» – «Alle Heiligen Gottes!» war der erstickte Angstschrei der Mutter. O ja, denn die kleinste Bewegung, und das Kind hätte auf den Steinboden des unteren Flurs hinunterstürzen müssen! Zu sehen aber war niemand.

Doch das Allerschlimmste, das da widerfuhr, kam erst später. Von Stunde an war das Mägdlein, – sonst ein so aufgewecktes, munteres Kind, – stets kränklich und sogar geistig etwas gestört und blieb es leider für immer.

Nicht weniger schlimm waren die Vorwürfe, welche sich die arme Mutter zeitlebens machte, sich schuldig fühlend, damals ihre Neugier nicht gezügelt zu haben.

C. Decurtins: Rätorom. Chrestomathie

Das verpasste Glück

Wie ein Mensch sein Glück verpassen kann, weil ihm im entscheidenden Augenblick der Mut entfällt, das widerfuhr jener biederen Frau von Salouf, als ihr dies auf dem Hügel der Motta Vallac geschah. Im dortigen Wäldchen, gegen den Weiler Del hinauf, wollte sie Reisig sammeln, als sie ganz unversehens von einer gewaltigen unsichtbaren Macht hoch in die Luft hinaufgehoben wurde, sodass sie über den Mauerresten der einstigen dortigen Burg schwebte. Und genau im gemauerten Hof der zerfallenen Anlage wurde sie wieder auf die Erde gesetzt, wobei im selben Augenblick eine gar hübsche edle Frau vor ihr stand und sie sehr freundlich ansprach:

«Gute Frau, ich will dich sehr glücklich machen, aber ja nicht gegen deinen Willen! Jemandem Glück zu bringen steht nämlich in meiner Macht. Dazu brauchst du nur mit mir in den Keller dieser Burg hinunterzusteigen. Mir folgen sollst du bis zu einer dortigen Eisentüre, die zu öffnen es bisher noch niemandem gelungen ist. Miteinander steigen wir dann aber noch tiefer, bis zu einer zweiten Türe. Und falls du einverstanden bist, mir zu folgen, kannst du von dort alles, alles mitnehmen, was dein Herz begehrt.»

Obschon der schlichten Bauersfrau das Herz bis zum Halse hinauf hämmerte und sie ganz verwirrt war ob der überraschenden Erscheinung, war sie doch noch fähig, gerade diese Aussichten in Verbindung zu bringen zu den ärmlichen Verhältnissen, in denen sie mit ihren Kindern und dem kranken Mann lebte. Aber weil die Erscheinung zweifellos eine edle Dame und ihr Vertrauen zu erwecken schien, willigte sie nach einigem Zögern ein.

Und sich einen Stoss gebend, folgte sie der ihr vorausschreitenden – wie ihr sogar schien, mehr schwebend als gehenden fremden Erscheinung. Stufe für Stufe stiegen sie eine von ihr bisher noch nie gesehene oder gar beachtete Steintreppe in den dunkeln Untergrund der Ruinen hinunter. Sogleich standen sie wirklich vor einer eisernen Türe. Sei es aber wegen der hier schon herrschenden Dunkelheit, oder aus Furcht davor, was hinter diesem Tor auf sie warten könnte, – all ihr Mut verliess plötzlich die gute Frau. Fluchtartig machte sie kehrt und rannte wieder die Steintreppe hinauf und ins Freie. Nein, dadurch geschah ihr freilich kein Leid, aber sie gewann auch gar nichts von den ganz sicher dort unten verborgenen Kostbarkeiten, die sie und ihre Familie für immer jeglicher Not enthoben hätten.

Tja, und weil unterdessen das uralte Gemäuer noch ganz zerfallen, ja, sogar in seinen letzten Resten verschwunden ist, könnte heute sowieso niemand mehr nicht einmal die Stelle ausfindig machen, wo sie zu holen wären!

C. Decurtins: Rätorom. Chrestomathie

Der Unheimliche am Weg nach Parsonz

Manchmal sind es gar nicht nur Ruinen jene Orte, wo Merkwürdiges und Unerklärliches, ja, Unheimliches geschehen ist. Nein, nicht selten stehen solche Geschichten auch mit gewöhnlichen, und doch besonderen Steinen in Verbindung, selbst wenn es nicht ohne weiteres dem anrüchigen «baralot», also einem Spuk, zugerechnet werden muss. So kann wirklich niemand behaupten, jener «Crap gransung» in der Nähe der Alp Foppa von Salouf am Fusse des Piz Toissa hätte auch nur das Mindeste mit etwas Übersinnlichem zu tun, weil man bei diesem etwas gar Eigenartiges feststellen könne: dessen Spitze werfe nämlich jeweils ihren Schatten so geschickt auf die unter ihm liegende flache Steinplatte, sodass auf dieser schon vom Sonnenaufgang an und dann den ganzen Vormittag über die genaue Uhrzeit abgelesen werden könne. Dabei sei dies schon vor vielen Jahren entdeckt und entsprechend auch genutzt worden, als man nämlich noch keine Uhren kannte.

O nein, – alles andere als mit Spuk in Verbindung stehen, viel eher noch vielleicht ins Übersinnliche hineinragend, mag jener richtige Verehrung geniessende Stein sein, der auf der anderen Seite dieses Piz Toissa am Weg von Munter nach Ratitsch liegt, zog doch vor ihm jeder Bauer den Hut, und die Frauen bekreuzigten sich ehrfürchtig, weil man von den Vorfahren her wusste, dass kein geringerer als Jesus höchstpersönlich auf seinem Durchgang durch die Gegend hier seinen geheiligten Fuss auf diesen Stein gesetzt und darin dessen Form tief und deutlich eingeprägt hatte. Wer es nicht glauben wolle, solle es ruhig nachprüfen; der Eindruck entspreche nämlich ganz genau der Grösse eines menschlichen Fusses!

Aber um waschechten Spuk musste es sich doch handeln bei jenem «Crap gross» – dem «dicken Stein» – am einst viel mehr als heute begangenen Weg von Salouf nach Parsonz hinüber. Den verschiedensten Leuten soll bei diesem steinernen Klotz ein gar unheimlicher Geselle begegnet sein, dies selbst am helllichten Tag. Wie vom Erdboden herauf, oder blitzartig hinter dem Stein hervorkommend, tauchte da urplötzlich ein aussergewöhnlich grosser und stämmiger Mann neben dem Wanderer auf, einen breitkrempigen Hut tragend, welcher Kopf und Gesicht ganz unkenntlich machte. Fast das Unheimlichste aber war, dass er nie ein Wort sprach, sondern stumm neben dem begreiflicherweise nicht wenig eingeschüchtert seines Weges Gehenden herschritt. Dadurch hat auch niemand in Erfahrung bringen können, wer er war und was eigentlich sein Begehren sein könnte.

Und mehr als merkwürdig ebenfalls, dass er die diesen Weg Benützenden nur ganz genau bis zur Grenze des Gemeindebannes von Salouf begleitete, um sich dann ebenso blitzartig wie in Luft aufzulösen und zu verschwinden.

Nicht weniger eigenartig mochte es sein, dass dieser Geselle dann auch jenen erschien, die denselben Rückweg von Parsonz nach Salouf machten. Genau bei Beginn des Gebietes der letztgenannten Gemeinde «war er da», und genau beim ominösen «Crap gransung» verflüchtigte er sich oder versank, vom Erdboden verschlungen. Aber dass er jemals oder jemandem irgendein Leid zugefügt oder auch nur ein Wörtchen zu diesem gesagt hätte, nein, davon hat man nie gehört. Begreiflich, dass man gerade an dieser Sache herumrätselte, besonders dann, wenn das unheimliche Phantom wieder jemandem begegnet war.

Handelte es sich etwa um jemanden, der auf diesem Wegstück einmal ein Verbrechen begangen hatte? Und nun zur Strafe auf ewig diese Strecke ablaufen musste, oder zumindest solange, bis er seine Schuld abgegolten hatte? Wie dies steif und fest einige behaupteten, die er mit seiner Erscheinung erschreckt hatte. Dieses Rätsel blieb aber bis zum heutigen Tag ungelöst.

C. Decurtin: Rätorom. Chrestomathie

Die bestraften Hexen

Der Schabernack, den jene vier Hexen von Tinizong vielleicht nur anzustellen wünschten, sollte sich freilich ins Gegenteil wandeln, sodass sie selber ins Loch hineinfielen, das sie gegraben hatten! Zum Glück für jenen braven Fuhrmann von Riom, der vorerst nur bösen Schaden erlitt.

Und geschehen ist es, als er mit seinem von einem tapferen Ochsen gezogenen, allerdings ordentlich beladenen Karren vom Markte in Chiavenna heimkehrte, müde von dem langen Wege und froh, bald daheim zu sein. Umso ärgerlicher war das, was ihm bei der Durchfahrt durch Tinizong zustiess: ganz unerwartet krachten gleichzeitig gerade alle vier Radachsen zusammen, und die Ladung blieb platt auf der Strasse liegen.

«Himmelkreuzdonnerunddoria!» konnte sich der biedere Mann doch nicht enthalten, mit einem frommen Fluch seinem Ärger Luft zu machen. Dies nicht zuletzt, weil ihn sogleich eine verflixt böse Ahnung beschlich. War ihm doch sehr wohl bekannt, was im Lande über die in diesem Tinizong manchmal geschehenden mehr als merkwürdigen Dinge gemunkelt wurde. Daher beobachtete der Fuhrmann sofort die umliegenden Häuser. Und wirklich konnte er alsbald entdecken, wie bei einem davon ganz oben im Estrichfenster unter dem Dachgiebel sogar vier Weiber ihre Fratzen herausstreckten und ein krächzendes Gelächter vollführten.

Nun wusste der Mann bereits genug. Obschon der sonst kuraschierte Fuhrmann, der auf seinen Wegen schon manchen Gefahren hatte trotzen müssen und daher nicht so schnell einzuschüchtern war, lief ihm doch ein eiskalter Schauder über den Rücken. In aller Hast spannte er seinen Ochsen aus, liess die Ladung mitten auf der Strasse liegen und machte sich davon.

Je, wie aber staunte am anderen Morgen in aller Frühe ganz Riom, als man vier alte Weiber den Wagen mitsamt der Ladung des Fuhrmanns den steilen Weg von der Brücke bei Barnagn den Burghügel heraufschleppen sah, – ob der mörderischen Anstrengung alle aus pfeifenden Lungen keuchend und buchstäblich die Zunge herausstreckend! Damit war es mehr als klar, wer in diesem Tinizong den bösen Streich gespielt hatte!

C. Decurtins: Rätorom. Chrestomathie

Die Schlange bei Barnagn

Darüber munkeln hatte man schon des öftern gehört: bei jenem klobigen Steinklotz in Barnagn, jenem flachen Talgelände zwischen der Brücke unterhalb Cunter und dem heutigen Seelein von Savognin, bedrohe manchmal ein fürchterliches Vieh Leib und Leben der dieses Weglein benützenden Menschen. Dies bekam ein Bauer von Salouf mehr als deutlich zu spüren.

Von einem Savogniner hatte er Feld in Pacht genommen, und um dessen anfallendes Heu am Ort zu nutzen, musste er im Herbst halt seine kleine Viehhabe zu dem dort liegenden Stall bringen. Und der einzige Weg führte genau am Stein von Barnagn vorbei.

Als der Mann erstmals diesen Weg nahm, erlebte er einen wirklich furchtbaren Schrecken: in unheimlichen wilden Windungen sauste ganz unvermittelt eine faustdicke Schlange hinter dem Felskopf hervor, schlang sich ebenso blitzschnell seinem schönsten Tier um den Hals und erwürgte es innert kürzester Zeit. Vor Verblüffung und Schrecken wie gelähmt, konnte der Bauer buchstäblich keinen Finger rühren.

Da der Mann wirklich hoffte, dies sei nur dieses Mal geschehen, wagte er Monate später doch wieder, seine Tiere auf demselben Rückweg nach Salouf heimzuholen. Aber, o Graus! – wieder tötete das verfluchte Biest ein liebes Tier, ohne dass der Bauer dieses davor bewahren konnte.

Erst als er im darauffolgenden Winter wiederum den Stallwechsel vornehmen sollte, sann er auf Hilfe in seiner Not. Denn nochmals ein wertvolles Stück seiner bescheidenen Herde verlieren, – nein, das konnte und durfte nicht mehr geschehen! Das richtete ihn zugrunde, und der Schaden überwog schon jetzt den Nutzen, den er aus dem gepachteten Feld zog!

Also gab es nichts anderes, als beizeiten etwas vorzukehren. Bewaffnet mit einer auf der einen Seite spitz zulaufenden Hacke, auf der anderen als messerscharf geschliffene Schaufel, schritt er an der gefürchteten Stelle vorsichtig der kleinen Herde voraus, wirklich seinen ganzen Mut zusammenreissend.

Aber obwohl er sehnlichst erhoffte, es möge diesmal alles gut gehen, geschah es trotzdem: das scheussliche Reptil stürzte unversehens – obschon diesmal doch nicht ganz unerwartet – hinter dem Stein hervor. Sogleich aber entlud sich beim Bauern von Salouf eine derartige Wut, dass er jede Angst vergass. Und mit einem ebenso wütend ausgeführten wie wohlgezielten Schlag traf seine Schaufel das grausige Reptil mitten auf den Rücken, sodass die Schlange in zwei Teile zerschnitten wurde. Und obgleich dieselben noch in mächtigen Sätzen wirbelnd durch die Luft flogen und sich noch eine ganze Weile auf dem Boden herumringelten, blieben sie dann doch mausetot liegen.

Nun will die Geschichte doch noch von etwas ganz anderem Kenntnis haben: dass hinter dieser verfluchten Schlange etwas weit Schlimmeres steckte, auch wenn von gewisser Seite hartnäckig versucht wurde, es abzustreiten oder gar zu vertuschen. Dass hier halt doch wiederum eine jener «miss*u*ias» von Tinizong da mitmischte. Denn man höre und staune: am darauffolgenden Tag hätten dort die Glocken den Tod einer bereits als der Hexerei verdächtigten Weibsperson angekündigt. Das war ja nichts Besonderes und entsprach nur dem frommen Brauch. Dass man aber jene Frau tot in ihrem Bett gefunden, und zwar unerklärlicherweise mit zerschmettertem Rückgrat, nein, dies veranlasste sogar den Pfarrer, schwere Bedenken zu äussern. Wen wundert es deshalb, dass sogleich allgemein die Meinung durchs Tal lief, die Verstorbene könne niemand anderer als jene vermaledeite Schlange von Barn*a*gn gewesen sein!

C. Decurtins: Rätorom. Chrestomathie

Die verschüttete einstige Stadt

Für volle Wahrheit darfst du es nehmen, dass, wenn du den Weg zwischen Burvagn und Tinizong, ob durchwanderst oder fährst, du dabei über die Dächer und Kamine einer ganzen Stadt hinwegeilst! Braucht man doch nur von der Burg Riom aus auf jenen riesigen Erdkegel auf der anderen Talseite hinüberzublicken, auf dem zwei Dörfer liegen, und der nichts anderes ist als der gewaltige Bergsturz oder Rutsch, welcher einmal dort oben losbrach und unten die schöne Stadt Tect unter sich begrub. Was tut's auch, dass es schon vor Urzeiten geschah! Warum sollte es deshalb nicht wahr sein? – wurde nicht auch vor wenigen Jahrhunderten erst im benachbarten Bergell unten dem Städtchen Plurs genau dasselbe Schicksal zuteil? [12]

Und jenes dieser Stadt Tect scheint sogar von handfesten Zeugen bewiesen worden zu sein, weil diese unzweifelhafte Funde gemacht zu haben behaupten. Zuallererst ja jener Bauer von Savognin, der eines Frühlingstages seinen gegen Cunter hin liegenden Acker pflügte, als urplötzlich sein Ochse mit den Vorderbeinen im Erdboden einbrach und er ihn nur mit Hilfe herbeigerufener Bauern und mittels Seilen zu befreien vermochte. Mit den anderen zusammen dann dem Grund des Unglücks nachgehend, stocherten sie mit den Gabelstielen im Boden herum und entdeckten zur Verblüffung aller, dass da unten deutlich erkennbar ein Kamin im Ackerboden steckte.

Weil der Bauer zuerst unbedingt seinen Acker fertig pflügen wollte, kam man erst anderntags wieder her, um näher zu forschen, um – wer weiss schon? – sogar durch das Kamin in das ganz sicher darunterliegende Gebäude eindringen zu können. Doch nicht um alles in der Welt wäre es möglich gewesen, das Loch im Acker wieder zu finden! Und doch war man jetzt allgemein fest davon überzeugt, hier könne nichts anderes als jene sagenhafte Stadt Tect begraben liegen. Ob der Bergrutsch aber durch Hexenwerk ausgelöst worden war, wie man von einem anderen Sturz, nämlich in Livizung, fest zu wissen vermeinte, das konnte hier niemand sagen.

Übrigens konnte man sich durchaus noch auf andere Beweise stützen. Waren nicht auch jene Kapellen dort oberhalb Savognin gegen den Berg hinauf nur deshalb da hingestellt worden, damit die hier verehrten himmlischen Kräfte das auf dem Rücken der verschwundenen Stadt erbaute jetzige Dorf vor einem neuerlichen Abbruch einer Rüfe beschützen mögen? Eine Gefahr, die ja auch nicht durch den Einwand bestritten werden kann, man wisse gar nichts Genaues über diese untergegangene Stadt! [12]

C.Decurtins: Rätorom. Chrestomathie, A. Grisch: En curt viada tras Surses.

Das letzte Brautpaar von Livizùng

Nachdem nach und nach die meisten Siedler wegen der ständigen Bedrohung infolge Verwüstungen durch den Wildbach den Weiler Livizung [13], jenseits des Baches und Rona gegenüber, verlassen hatten, harrten hier als letzte einzig die beiden Brüder Andreas und Martin Plaz aus. Begreiflich, denn sie sollen die bedeutendsten Bauern des Weilers gewesen sein, hätten das meiste Feld besessen, also am meisten zu verlieren gehabt.

Martin, der ältere, betrieb die Landwirtschaft, Andreas war nebenbei, wie so viele andere, auch Fuhrmann. Mit seinem riesigen und offenbar ebenso starken Ochsen habe auch er sich vom Umladeplatz Tinizong aus an der Beförderung der Warenballen beteiligt, welche die fremden Handelsleute von Norden nach Italien und umgekehrt über den Septimer auf die Märkte von Deutschland zu bringen begehrten.

Dieser Andreas soll zudem ein gar gottesfürchtiger Mann gewesen sein. Dies erwies sich auch jenes Mal, als er sich eines Samstagabends derart mit seiner Fuhre verspätet hatte und erst bei den so genannten *Foppas*, also jenen kleinen Bodenmulden ausserhalb Mulegns angelangt war, plötzlich von Rona her die Turmuhr Mitternacht schlagen hörte. Um aber ja in keiner Weise den angebrochenen Sonntag zu entheiligen hielt er an, spannte seinen Ochsen aus, liess ihn frei weiden und die gesamte Ladung dort liegen, wohl wissend, dass sich an diesem heiligen Tag niemand an ihr zu vergreifen wage.

Dabei neigte dieser Fuhrmann Plaz von Natur aus eher zur Bequemlichkeit. Er sei ohne weiteres imstande gewesen, volle 24 Stunden durchzuschlafen, ohne auch nur ein Auge aufzuschlagen. Gerade deshalb sei es sehr merkwürdig gewesen, dass er erst im fortgeschrittenen Alter Lust bekommen habe zu heiraten! Und die Auserwählte war sogar die Tochter des wohlhabenden Tieni Poltera im ennet dem Bach liegenden Rieven [14].

Und recht bald war alles eingefädelt und der Hochzeitstag vor der Türe. Als aber zum nicht geringen Schrecken des Hochzeiters wie seines Bruders beide erst am Vorabend der Vermählung entdeckten, dass dem Bräutigam der zum Kleid unbedingt gehörende Unterkittel, der landesübliche Leibrock, fehlte! Fast das allerwichtigste Kleidungsstück, da in seinem Täschchen die Uhr mit der baumelnden silbernen Kette zu versorgen war!

Kurz entschlossen machte sich Andreas selber daran, aus einem Stück Tuch das fehlende Kleidungsstück anzufertigen, samt den Lederknöpfen. Beim Morgengrauen sei alles fixfertig gewesen. Zum Glück, denn, wie damals Sitte, war die Trauung in der Kapelle drüben schon in aller Herrgottsfrühe angesetzt.

Bruder Martin begleitete ihn hinüber zur Brautfamilie, natürlich, sollte er doch Trauzeuge sein. Auf diesem so kurzen Wegstück musste aber stets der Bach überquert werden, was nur auf der mit herausragenden Steinen angelegten Furt geschehen konnte. Unglücklicherweise rutschte Bräutigam Andreas auf einem nassen Stein aus und geriet mit einem Bein ins Wasser. Dies jagte dem begleitenden Bruder jedoch einen gewaltigen Schrecken ein, denn er deutete es für ein gar schlechtes Omen. Daher bat er seinen Bruder nochmals dringlich, wie bereits früher getan, die Tochter des Tieni doch nicht zu heiraten, die Hochzeit abzublasen, denn es werde gar nicht gut herauskommen!

Davon aber wollte jener nichts wissen. Er heiratete trotz der Warnung und führte die junge Frau in ihr neues Zuhause nach Livizung hinüber. Doch sollte dieser Karren wirklich nicht gut laufen. Weil der Ehemann ständig auf Fuhrleite unterwegs war, verleidete nach und nach die Einsamkeit dem von daheim aus etwas verwöhnten Weibsbild. Nach vielen gemachten Vorwürfen, die bei dem halt mit Leib und Seele seinem Fuhrwesen anhangenden Mann aber nichts fruchteten, packte sie eines Tages in einer Kurzschlusshandlung ihr Bündel und floh über den Bach ins Elternhaus nach R*i*even hinüber.

Nun, trotz seiner zu Bequemlichkeit und Gutmütigkeit neigendem Wesen liess sich ihr Mann dies aber doch nicht gefallen. Er verklagte sie bei dem für solche Sachen zuständigen Vorsteher der «cumpagn*e*ia da mats», der Jungmannschaft, die in jenen Zeiten im Dorf die allernächste Gerichtsgewalt auszuüben befugt war. Laut uraltem Brauch und Recht schritt diese auch allsogleich ein, suchte überfallartig die Braut auf und verhängte die für solche Vergehen übliche Strafe. Dem abtrünnigen Eheweib wurde der grösste im Dorf aufzutreibende «zamp*u*gn» – also die grösste Kuhglocke – um den Hals gehängt und die Fehlbare gezwungen, in Begleitung der ganzen Gesellschaft dorthin zurückzukehren, wo sie hingehörte.

Diesen nachträglichen Freundschaftsdienst der ledigen einstigen Kameraden, zu denen er bis vor kurzem ja auch noch gehört hatte, musste der Ehemann aber mit einem reichlichen Nachtmahl aus Kastanien und Nidel entgelten! Und es wurde ein fröhlicher Abend!

Wie es aber mit der Ehe dieses Paares weiterging, darüber schweigt sich die Geschichte aus!

A. Grisch: En curt viada tras Surses

Wie Livizung durch Hexerei unterging

Dieser ordentlich einsam am jenseitigen Hang des Tales liegende Weiler hatte sich nach und nach immer mehr entvölkert. Schon die Vorfahren hatten immer wieder durch die vom bösen Wildbach aus dem kleinen Seitental, sollte er einmal übler Laune sein, arg gelitten, weil er das sonst schon karge Feld mit Schutt und Geröll begrub. Dieses ständig drohende Übel hatte vielen den letzten Mut genommen. Wer weiss, einmal konnte es sogar die Häuser und sogar das Leben von Mensch und Tier gefährden!

Dies sollte leider nur allzuwahr werden. Schon seit langem trug nämlich der abgelegene Weiler nicht nur bei gar manchen der abergläubischen Einwohner von Rieven und Rona drüben den Makel einer nicht durchwegs ganz geheuren Siedlung. Sogar talauf und talab wurde gemunkelt, gerade in den nahen und gut versteckten Waldlichtungen gäben sich dort drüben von Zeit zu Zeit die Hexen der näheren und weiteren Umgebung das übliche Stelldichein mit dem Bocksfüssigen. Es hätten sogar einige der Bewohner von Livizung von nicht nur merkwürdigen, sondern gar unliebsamen Begegnungen zu berichten gewusst.

Und dann, in einer sturmgepeitschen Nacht, ob eines garstigen Lärms aufgerüttelt, hätten sie deutlich vernommen, wie irgendwo am Berghang Hexen einander zuriefen: «Hee, bringt doch endlich den Bergrutsch oben zum Abgleiten, damit er die Häuser dieser verdammten Frömmler begrabe!»

Da hätte aber eine der Aufgeforderten zurückgeschrien: «O je, o je! – wir können es nicht, denn diese haben an der Vigil – also am Vortag – zu Weihnachten das Gebot des strengen Fastens gewissenhaft eingehalten gehabt!» Was offenbar das Dörfchen vorerst regelrecht gerettet habe.

Später ist sie aber doch gekommen, die wilde Rüfe. In einer fürchterlichen Gewitternacht hat sie die ganze, vom ebenfalls tobenden, entfesselten, alles überflutenden und den Hang unterwühlenden Bach gefährdete Bergflanke ins Rutschen gebracht, sodass diese nicht nur das Feld, sondern auch Häuser und Ställe unter sich begrub. Allerdings erinnerte sich niemand, etwa jene verhexten Stimmen gehört zu haben. Begreiflich, ob des Donnerns und des auf die Dächer herunterprasselnden Regens! [15]

Nur mit knappster Not konnten die restlichen Einwohner noch das nackte Leben retten. Sie siedelten sich alle im gegenüberliegenden R*i*even an, wo ihre Nachkommen wohl heute noch leben, falls ihre Sippe nicht ausgestorben ist!

C. Decurtins: Rätorom. Chrestomathie

Wie der Piz Èla sein Loch bekommen hat

Es begab sich wieder einmal, dass der Teufel und sein Diener Eulenspiegel – die Rumantschen haben dieses Wort einfach zu «oraspievel» gemacht, was eigentlich «Wetterspiegel» heisst! – sich an einem gar schönen Septembertage diese schöne Welt von oben zu betrachten wünschten und sich daher auf dem klotzigen Piz Toissa zu einem beschaulichen Stellichein einfanden. Überall im ganzen Tal zu ihren Füssen waren emsige Bauern mit dem Schneiden des prächtig gediehenen Korns beschäftigt. Und manche der ebenso fleissig garbenbindenden und Ähren zusammenlesenden Frauen spähten schon heimlich auf die nahen Kartoffeläcker hinüber, sich freuend, weil die hohen Stauden gar gute Ernte versprachen.

Selbst den beiden Ungeistern dort oben gefielen die so reiche Frucht tragenden Äcker, und dass da wohl einiges zu ergattern wäre für Küche und Bäckerei in ihrer Unterwelt. Nach kurzer Beratung entschlossen sie sich, wenigstens etwas von diesem Segen zu holen. Also stiegen oder flogen sie ins Tal hinunter.

Beim ersten sich anbietenden Acker fragte der Eulenspiegel seinen Herrn: «Nun, Herr Teufel, welchen Teil der Ernte möchtest du wählen, den oberen oder den unteren?»

Indem er die im oberen Abschnitt fast schöner und üppiger scheinenden Stauden betrachtet hatte, sagte jener ohne zu zögern: «Den oberen!» Zufrieden mit der Wahl machten sich beide an die Ernte. Nun ward es aber bald offensichtlich, dass unter der Hacke des Eulenspiegel viel grössere und sogar immer schönere Früchte hervorkamen, sodass der hinunterschielende Gehörnte bald das Gefühl hatte, er sei irgendwie betrogen worden. Doch hielt er sich zurück und unterdrückte seine bereits aufsteigende Wut, weil er hoffte, sich nachher sicher schadlos halten zu können.

Nach beendeter Kartoffelernte gingen die beiden Schwarzen sogleich zum Getreideacker hinüber. Wiederum wollte es Eulenspiegel ja recht machen und liess seinem Vorsteher die Wahl. Dieser, in der Meinung, sich nun den Vorteil ergattern zu können, besann sich nicht lange: «Den unteren will ich!»

Kaum war aber das Schneiden im Gange und sausten die Sicheln durch die Halme, stellte der Höllenfürst fest, dass der obere Teil weit dickere Ähren herzugeben schien. Geplagt von immer sich steigerndem Ärger begann er heftige Vorwürfe hinunterzuschleudern: da sei Betrug im Spiel! Seine Augen schossen immer heftigere Blitze, sodass der arme Eulenspiegel von immer grösserer Angst befallen wurde, kannte er doch zu gut die masslosen Wutausbrüche seines Herrn und deren unberechenbare Folgen. Diese wartete Eulenspiegel aber nicht ab, sondern warf seine Sichel hin und machte sich aus dem Staub, und zwar in gewaltigen Sätzen Richtung Val d'Err hinein.

Dies muss Satan natürlich fast als Eingeständnis einer wirklich erfolgten Betrügerei auslegen, und das erkennend, setzt er dem Flüchtenden nach. In der nächsten Geröllhalde ergreift er einen riesigen Felsbrocken, vollführt einige Rundtänze um seinen eigenen Schwanz und schleudert dem Verfolgten den Steinmocken nach. Dieser verfehlt aber bei weitem das Ziel, weil mit zu grosser Wut und zu wenig Berechnung geworfen. Und anstatt den Davonrennenden zu zerschmettern, fliegt er in hohem Bogen auf den Piz Èla hin und durchschlägt noch mit ungemeiner Wucht dessen glatte Felswand, sodass darin ein gewaltiges und für ewige Zeiten sichtbares Loch entstanden ist.

Damit jedoch nicht genug. Bei diesem, eine schier unmensch-
liche Anstrengung fordernden Wurf hat der von all seinen wenigen guten Geistern verlassene Höllenherr völlig das Gleichge-
wicht verloren und ist selber durch die Luft gewirbelt worden.
Mit voller Wucht prallt er auf zwei lange Steinplatten, sodass darin
nicht nur die Abdrücke seiner beiden Knie eingedrückt wurden,
sondern sogar das Konterfei seiner gehörnten Fratze.

Ja, ja, die beiden Steinplatten sind seither noch gut neben dem
alten ins Val d'Err hineinführenden Strässlein zu sehen, gar nicht
weit von dem Brücklein von Demat. Für den, der sich nicht fürchtet, von einer unheimlichen Ausstrahlung betroffen zu werden,
lohnt es sich durchaus, die Stelle aufzusuchen!

Andreia Grisch, En curt viada tras Surses;
Andreia Steier, Scu igl Èla ò survagnia ena rosna, Schullesebuch I..

Die Totenprozession in Sur

Es sei am Tag nach Katharina – also der Kirchenpatronin von Sur – gewesen, an dem, wie seit jeher üblich, nicht nur von allen im Dorf Lebenden ihr Ehrentag mit der festlichen «purdan*anza*» würdig gefeiert, – also das Gedenkfest zur Erinnerung an den Tag, als ihre Kirche eingeweiht wurde – sondern am Abend des folgenden Tages jeweils auch in einem besonderen Gottesdienst aller Verstorbenen der Gemeinde gedacht und für ihr Seelenheil gebetet wurde.

Und es war nach demselben Abendgottesdienst und schon zu fortgeschrittener Nachtstunde, als ein ordentlicher Mann vom Oberdorf sich in seiner Kammer rüstete, um sich zur Ruhe zu begeben. Den einen Socken hatte er bereits ausgezogen, den zweiten noch nicht, als er draussen merkwürdige Geräusche vernahm, so, als ob auf der Dorfstrasse eine ganze Prozession von Gebete murmelnden Leuten vorbeiziehen würde.

Darob höchst verwundert hinkte der Mann mit nur einem sockenbedeckten Fuss zum Fenster hinüber, schob den Vorhang soweit nötig zurück, – und tatsächlich erblickte er unten einen langen Zug mehr oder weniger vermummter Menschen, betend dahinziehen. Wie aber der Beobachter an einigen deutlich erkennen konnte, waren diese lauter bereits Verstorbene des Ortes, von denen er die meisten noch gut gekannt hatte.

Dann aber fiel der Mann fast hintenüber vor Überraschung, doch sogleich auch vor Schrecken; denn ganz am Schluss des Zuges schritt niemand anderer als er selbst, und dazu nur mit einem bekleideten Fuss!

Wen wundert es da zu erfahren, dass das ordentliche Männlein kurz darauf wirklich der nächste unter den Verstorbenen des Dorfes gewesen ist!

C. Decurtins: Rätorom. Chrestomathie

Als die Pest Erntefest hatte

In ganz Savognin nutzte es herzlich wenig, dass man einfach weder begreifen konnte noch wollte, wie diese vermaledeite «mureia» oder «boda» genannte Beulenpest [16] so unerwartet und schrecklich über das Dorf hatte hereinbrechen können und was der Grund für diese Strafe gewesen sein mochte.

Nachdem bereits viele Dutzende der Einwohner dahingerafft worden waren und fast nutzlos gewesen alle Anwendungen mit empfohlenen Salben von mehr als zweifelhafter Zusammensetzung, Trinken von und Einreiben mit einem Absud einer Kräutermischung, die zu besonderer nächtlicher Stunde an einem bestimmten Ort gepflückt worden war, – griff das verzweifelte Volk als letztes Mittel zu höherer Hilfe: man gelobte feierlich, zu Ehren der Mutter des göttlichen Sohnes eine Kirche zu bauen, wenn sie die von dieser schrecklichen Geissel so Bedrängten befreie.

Und wahrhaft, sogleich nachdem man den Grundstein gelegt hatte, flaute die Seuche rasch ab. Der letzte aber, den sich der Sensenmann als Opfer holte, sei der gute und fromme Kapuziner gewesen.

Ganz ähnlich erging es offensichtlich der alten Walsersiedlung Flix ob Sur, wo ehemals nebst anderen vor allem die Familien Mark, Jegher und Grisch lebten. Jedenfalls herrschte hier oben reges und frisches Leben, sodass man sogar ein eigenes Kirchlein und einen eigenen Pfarrer hatte, – ja, bis die Pest auch hier das schönste Glück zerstörte. Weil damals, bis auf einige wenige, alle Flixer dahingerafft wurden, siedelten sich die Überlebenden unten im etwas wirtlicheren Sur an. Und dort vermischten sich die fremden Einwanderer [17] aus dem fernen Wallis nach und nach mit der einheimischen Bevölkerung, und sie, die vorher deutschsprechende Walser gewesen, wurden währschafte Romanen.

Gar tragisch mag dieser Lauf der Ereignisse besonders deshalb gewesen sein, weil in Flix die Seuche scheinbar fast abgeklungen gewesen war, nachdem sie sich mit einigen wenigen Opfern begnügt und ganze sieben Jahre lang hatte Gnade walten lassen. Bis dann eine junge Frau unglücklicherweise einen noch von ihrer verstorbenen Mutter zurückgelassenen Wollknäuel hervorgekramt hatte, um daraus Strümpfe für die Buben zu stricken. Darin musste sich aber scheinbar der verfluchte Pestsamen eingenistet und überlebt haben, – und von neuem, und mit welch gieriger Wut! brach das Sterben wieder aus. Talein, talaus schwang der Tod unaufhörlich seine scharf geschliffene Sense.

Gleich und ähnlich wie anderswo versuchten auch in Tinizong manche Leute der Ansteckung durch die Seuche dadurch zu entgehen, indem sie auf die höher gelegenen Maiensässe und in die einsamsten Gehöfte flüchteten, dadurch hoffend, das Leben retten zu können. Es heisst, im Dorf hier seien deshalb lediglich Kranke und ganz alte Leute zurückgeblieben, die einander bestmöglichst zu unterstützen suchten. Zudem hätten sie auch für ihre geflüchteten Angehörigen das Brot gebacken und etwa Gartengemüse und unter vielen Mühen selbst einwenig Getreide und Kartoffeln geerntet.

Die Übergabe dieser Lebensmittel geschah stets in äusserst vorsichtiger Weise, um ja nicht die Pest zu übertragen. So war abgemacht, dass die im Dorf Zurückgebliebenen an jedem Dienstag ihren Korb oder Sack mit Brot und anderem bis zu einer gewissen Steinplatte ausserhalb des Dorfes brachten, um diesen dort niederzulegen, damit er abgeholt werden konnte. Fanden aber die Angehörigen am betreffenden Ort einmal keine Lieferung vor, so schauten sie sogleich nach, ob auf der Steinplatte etwa ihr Hauszeichen eingeritzt wäre, – die zweifelsfreie Botschaft, dass jemand der Ihren unterdessen zumindest erkrankt, oder gar von der Pest dahingerafft worden war.

Seither trägt in manchen Gemeinden dieser Ort nicht selten sogar den Namen «l'ansagna», also «das Zeichen» und ist eine Erinnerung an eine gar böse Zeit.

In Salouf hingegen, soll sich vor allem die Jugend zuerst mehr als sorglos verhalten haben, trotz der sich abzeichnenden grossen Gefahr, hiess es. Noch war die Seuche allerdings nur ganz vereinzelt aufgetreten, sodass sich die Burschen und Jungfern es sich ja nicht nehmen lassen wollten, gehörig Fasnacht zu feiern. Und das taten sie bei fröhlichem Tanz in einer Stube des Dorfes. Man liess sich im Vergnügen auch dann nicht stören, als auf der Strasse draussen soeben ein – allerdings an einem nicht näher bekannten Leiden – Verstorbener vorbeigetragen wurde. Die ausgelassene Gesellschaft wunderte sich immerhin, wer alles denn dem Sarg folgen möge, und aus diesem Grunde öffnete ein Bursche einwenig Laden und Fenster. Hätte er dies besser nicht getan! Denn es sollte genügen, um dem Pesthauch das Eindringen zu gestatten, da – wie sich nachher herausstellte – soeben wirklich der erste von der Pest Angesteckte begraben worden war.

Schreckliches geschah in der Folge, weil sämtliche Burschen und Jungfern, die in jener Stube getanzt hatten, von der Seuche dahingerafft wurden!

Der hässliche Heiland von Salouf

Vor manchen Jahren hing in der Kirche von Salouf im Spitzbogen des Choraufganges noch ein sehr, sehr altes Kruzifix. Aber das Volk nannte es seit jeher nur «igl Nussigner trect»: der hässliche Heiland [17], und schon lange wusste niemand mehr, wie so ein verunstaltetes Chistusbild in ihrer Kirche hatte aufgehängt werden können. Aber hinter dieser Sache steckte ja eine ganz seltsame Geschichte.

Einst, als auch hier im Tale die Dinge um den Glauben recht im argen lagen, viele Leute sich kaum mehr um den Herrgott scherten, war das nicht zuletzt darauf zurückzuführen, dass die meisten Pfarreien keinen geistlichen Herrn mehr hatten, der ihnen geholfen hätte, treu und fest den Weg des Glaubens zu gehen und die Himmelsleiter hinaufzuklettern.

So muss es wohl auch in Salouf gewesen sein. Wie gottfroh war man dann, als da ein unter merkwürdigen Umständen von Italien her geflüchteter Geistlicher hereingeschneit kam und sich überreden liess, hier zu bleiben [18]. Ja, man übersah sogar noch so gerne, dass auch er offenbar schon von gewissen Ansichten jenes neuen Glaubens angesteckt schien; denn er hatte sich eine Frau genommen, und nach und nach nannten die beiden sogar eine stattliche Familie von sieben Kindern ihr Eigen. Ansonst aber waltete der Gute halt doch grausam gut nach fest katholischer Art seines Amtes, sodass er bald allgemein beliebt und geachtet war.

Bis, ja, bis er mit zunehmendem Alter scheinbar Gewissensbisse zu spüren begann, die Vorschriften seines eigentlich angestammten Glaubens doch nicht getreu befolgt und – wer weiss – sich dadurch sogar etwa den Himmel verspielt zu haben. Item, sich dessen immer quälender bewusst werdend, dass es über kurz oder lang halt ans Sterben gehe, rang er sich durch, mit der alten Kirche vollen Frieden zu schliessen. Das könne er aber nur, hiess es durch einen Mitbruder, indem er vom Papst selbst die Lossprechung von seiner Sünde erbitte.

Also machte er sich trotz mancher plagender Altersbeschwerden auf den Weg nach dem fernen Rom hinab. Dort warf er sich demütig dem Oberherrn der Kirche zu Füssen und bekannte reumütig seine ärgste Verfehlung. Doch unterliess er wohlweislich ja nicht, etwas zu seiner Verteidigung vorzubringen, nämlich in aller Bescheidenheit herauszustreichen, dass er zwar das Gesetz der Kirche bös übertreten habe, ja, aber sonst stets treu und felsenfest den rechten Glauben gepredigt habe.

Dies muss dem heiligen Vater besonders gut gefallen haben, sodass er den reuigen Sünder nicht nur in seine Arme, sondern auch wieder voll in die Gemeinschaft der Kirche aufnahm. Nur musste er ihm halt befehlen, seine Frau zu entlassen, was jener auch zu tun versprach, obschon schweren Herzens. Nun wollten einige aber ganz sicher wissen, diese harte Strafe sei gar nicht mehr nötig gewesen, da während seiner monatelangen Abwesenheit die gute Frau Pfarrer sowieso verstorben sei.

Immerhin, eine zusätzliche und heilsame Busse musste ihm der Herr Papst doch noch auferlegen: um wirkliche Sühne zu leisten, müsse der Bekehrte in Rom ein grosses und recht schweres Kruzifix erwerben und es eigenhändig, oder besser gesagt: auf den eigenen Schultern bis nach Salouf zurücktragen!

Auch dies nahm der gute Pfarrer brav auf sich. Obschon er insofern Pech hatte, weil der Schnitzer solcher Kreuze nur gerade das allerletzte Werk seiner Kunst auf Lager hatte. Und dieses war nur deshalb unverkauft geblieben, weil dem Künstler gerade beim Gestalten des Christuskopfes das verflixte Messer gleich mehrmals ausgerutscht war, sodass dessen Gesicht gar nicht nach Wunsch geraten war.

Wen wundert es daher, dass das Saloufer Volk sogleich, nachdem das Kruzifix in der Kirche hing, in einer fast an Verunehrung grenzenden Weise nur vom «Nussigner trect», also vom «hässlichen Heiland» gesprochen hat!

P. Clemente da Brescia: Istoria delle Missioni dei Capuccini, 1711.
Ser Duri Lozza: Cronica dalla pleiv Salouf, 1991, aus derselben Quelle.

Die Franzosen in Salouf

Auch hier in Salouf tauchten die ins Land gedrungenen Franzosen freilich nicht unerwartet auf, war ja das ganze Tal schon eine Woche vorher in Aufregung versetzt worden, als der Aufruf an alle waffentragenden Männer ergangen war, natürlich vor allem an die Jäger, sich der Rotte anzuschliessen, welche schon auf der Heide von Lantsch diesen Freiheitsräubern den Eintritt ins Unter- und Oberhalbstein verwehren sollte. Doch war man bereits zu spät gewesen und hatte sich ihnen erst in Vazerol entgegenstellen können, was deswegen keine gut geplante Abwehr gestattet hatte. Als ob es sich nur um das Auftrennen einer Hosennaht gehandelt hätte, hatten die kampfgeübten Rothosen die Verteidigungslinie zersprengt und in die Flucht geschlagen.

Und bereits am Tag darauf – es war am heiligen Passionssonntag – seien diese Unseligen schon in Cunter eingetroffen, eben, als wie bei Christen üblich, das Gedenken an die Leidenszeit des Herrn zu feiern war. Dabei kamen einem Brauch gemäss aus allen umliegenden Dörfern die frommen Gläubigen in Prozession nach Cunter. Soeben sei man in der Kirche beim feierlichen Amt gewesen, als jemand die Türe aufriss, und hereinstürmend Gebet und Gesang überschrie: «Die Franzosen! Die Franzosen kommen von Burvagn herein!» Hals über Kopf sei alles hinausgestürzt. Nur am Altar hätten die anwesenden Geistlichen das heilige Opfer zu Ende gefeiert, während dort draussen für das Dorf und für das Tal eine gar schlimme Zeit anbrach.

Ja, und so waren ebenfalls die von Salouf einwenig auf das vorbereitet, was auch ihrer harrte. Denn wirklich nicht viel Gutes versprach die Kunde, welche den Eindringlingen vorausgeeilt war.

Nicht wissen konnten diese, dass sie hier in Salouf das Heimatdorf eines grossen Mannes in Beschlag nahmen, der einst als Führer einer tapferen Truppe von ebenfalls ihre Freiheit verteidigenden Bündnern an der Calven unten den Heldentod erlitten hatte und immer noch berühmt war. Und dass eine der Familien seines Namens – Fontana hatte er geheissen – immer noch im Besitz seines riesigen Schwertes war, eines so gewaltigen Zweihänders, der sogar mit doppelter Schneide versehen gewesen sei. Ja, ja, die fürchterliche Waffe sei so schwer gewesen, dass selbst die stärksten Männer beide Hände gebraucht hätten, um sie zu handhaben.

Nun, als den das Land überflutenden Franzosen bereits der von ihnen überall erlassene Befehl vorausgeeilt war, unter Drohung mit der Todesstrafe, es seien sämtliche Waffen jeglicher Art abzuliefern, da wollten diese Nachfahren unbedingt verhüten, dieses so wertvolle Erinnerungsstück in die Hände der Feinde fallen zu lassen. So brachte man, obschon schier unter Tränen und sogar fast in einer frommen Prozession, das verehrte Andenken zum Dorfschmied, und dieser fertigte daraus lauter scharfklingige Messer an. Weil diese unter die verwandten Nachkommen verteilt wurden, müssen solche heute noch vorhanden sein, sodass diese, wenn sie von ihrem Erbstück Gebrauch machen, damit stets ihres grossen Vorfahren gedenken.

Oder sollte dies doch nicht der Fall sein? Denn erzählt wird noch eine ganz andere Geschichte um dieses Riesenschwert. Um es, wie gesagt, ja nicht durch die Hände der Feinde entweihen zu lassen, habe man es kurzerhand im wilden und schäumenden Balandegn-Bach bei der Mühle etwas ausserhalb Salouf versteckt. Und dort würde das Reiben der Wellen ständig die Klinge schärfen, damit die Waffe ja voll kampffähig und bereit bleibe, um bei einem künftigen Kampf um die Freiheit der Heimat einzugreifen. Und es heisst, dass besonders am jährlichen Dank-, Buss- und Bet-Tag das Schwert einen ungemein starken Glanz ausstrahle. Und nachts höre man dann sehr deutlich wie die Wellen des Balandegn das Lied von den durch Fontana und seinem mächtigen Schwert vollbrachten Heldentaten singen.

Unvergessen ist nicht nur der Held, sondern auch die ihn ehrende Geschichte. Sodass der berühmteste Dichter der Gegend [19]), von ihr so beeindruckt gewesen ist, dass er ein grosses Heldenlied darüber gedichtet hat.

Fontanas Schwert

Die Nacht ist finster! – Morgenhell
erstrahlt das Bett des Balandegn.
Auf seinem Grund, im Tannenstrunk,
da ward Fontanas Schwert versteckt.

    Eiskalte Welle wäscht und schärfet
    bei Tag, bei Nacht das blanke Schwert.
    Doch seht! – am Buss- und Bettag blitzet
    es strahlend helle aus dem Balandegn!

Des Nachts sogar die Vögel stutzen,
weil es im Bach so seltsam rauscht, –
die Wellen von dem Schwert erzählen,
wie Mahden es im Feinde schlug.

    Doch dieses Schwert, – heut' wohl verrostet –
    ich weiss, verliert nur dann den Glanz,
    sollt' einmal uns're Schweizerheimat
    verkaufen ihre Freiheit, höchstes Gut!

C. Decurtins: Rätorom. Chrestomathie

Die Kindsmörderin

O ja, gar schlimm erging es jener armen Frau von Parsonz – Nesa soll sie geheissen haben – die, wie die Sage zu erzählen weiss, das allerletzte Opfer gewesen sein soll, an welcher auf der Richtstätte des Tales Domleschg bei Rietberg das Todesurteil vollzogen wurde. Obschon sie aus unserem Tal stammte, musste das dort unten geschehen, da das herrschende Landrecht es so vorschrieb, weil sie ihre Missetat dort begangen hatte.

Diese Nesa war gar nicht irgendeine unbedeutende Bürgerin. Galt sie doch als wahre Vertrauensperson im ganzen Oberhalbstein, weil man ihr jedes Jahr die recht zahlreiche Schar von Buben und Mädchen aus dem ganzen Tal anvertraute, um sie bis ins Schwabenland hinunter zu begleiten, wohin sie sommersüber zogen, um dort als Knechtlein und Mägdlein bei Bauern zu dienen. Da überall schmale Zeiten herrschten, waren sie dadurch daheim auch «ab der Speise» und entlasteten so ihre meist kinderreichen Familien.

Ihre Aufgabe hatte Nesa auch diesmal pflichtbewusst erfüllt. Nur für sie persönlich sollte dies eine unglückliche Reise werden. Dort unten hatte sie sich mit einem Mann eingelassen und erwartete nun ein Kind, das halt unehelich war. Und bevor sie noch ihr Dorf Parsonz erreichen konnte, gebar sie es unten im Domleschg.

Wohl ahnend, welche Schande ihrer des Unehelichen wegen daheim warten könne, erwürgte sie in einem Anfall von Verzweiflung das Neugeborene, und zwar mit einem ihrer Strumpfbänder. Die kleine Leiche vergrub sie an einem abgelegenen Ort. Und doch wurde sie dort zufällig entdeckt, das Strumpfbändchen noch um den Hals.

Aufgrund welcher Beobachtung man recht bald diese auch im Domleschg bekannte Nesa als Mutter verdächtigte und ausfindig machte, war zwar unerfindlich. Jedenfalls erschienen kurze Zeit nach ihrer Heimkehr nach Parsonz dort einige Domleschger Männer und fragten nach einer Frau Nesa. Da diese finster dreinblickenden Herren Stricke um den Leib trugen, wusste man sofort, es seien Männer des Gerichtes. Ins Haus der Nesa verwiesen, hiessen sie diese alle ihre Strumpfbänder hervorkramen und vorzeigen. Und wahrhaft! – eines davon war das genaue Gegenstück zu dem am kleinen Leichnam gefundenen! Deshalb nahmen sie Nesa sogleich fest und führten sie nach Sils vor Gericht. Da die Arme durch das verräterische Strumpfband eindeutig des Verbrechens schon überführt war, verurteilte man sie sogleich wegen Kindsmordes zum Tode durch das Schwert.

Bevor sie aber unter dem Talgalgen hingerichtet wurde, gewährte man auch ihr die christliche Gnade: sie dürfe von einer Person ihres Heimatortes einen letzten Liebesdienst erbitten. Aber von Parsonz war nicht eine einzige Seele erschienen und auf der Richtstätte anwesend.

Da die Verurteilte grosse Reue zeigte über ihre missliche Tat, war man bereit, ihr eine andere Bitte zu gestatten. Und sie bat, nochmals den Kreuzweg beten zu dürfen, also jene ihr von daheim aus bekannte Andacht, worin der von Christus erlittenen Qualen gedacht wird, – der Schmerzen also, welche dieser an vierzehn einzelnen Orten seines Weges bis zum Kreuzestod oben auf Golgotha zu erdulden gehabt hatte. Mit dem Kruzifix in der Hand ging sie so ihren eigenen Kreuzweg bis zum Hügel der Richtstätte auf Rietberg, wo der Galgen des Gerichts Domleschg stand. Hier wurde sie durch den im roten Mantel bereitstehenden und vermummten Henker enthauptet.

Anwesend sollen nicht weniger als sieben Priester gewesen sein, welche für die Arme beteten, und viel, viel Volk. Unter diesem befanden sich aus gar besonderem Grund zwei Männer, welche an der Fallsucht litten. Einer war ein «tschell*a*uer», ein Bündner Oberländer, der andere vom nahen Heinzenberg drüben. Beide warteten begierig darauf, einen Becher des warmen Blutes der Hingerichteten trinken zu dürfen, eine Vergünstigung, die das hohe Gericht altem Brauche gemäss solchen Kranken gewährte. Hiess es doch allgemein, wer dies tue, werde von seiner Fallsucht geheilt.

Allerdings war noch eine andere ungeschriebene Forderung damit verbunden: die beiden mussten nachher im Laufschritt eine bestimmte genau bemessene Strecke zurücklegen, damit sich das fremde Blut ja mit ihrem eigenen vermische. Nun heisst es, der Heinzenberger habe die ganze Laufstrecke bewältigt und sich später geheilt befunden; jener andere musste leider schon vor dem Ziel aufgeben. Er soll kurz darauf gestorben sein.

C. Decurtins: Rätoroman. Chrestomathie

Wie der Kuckuck aus der Not half

In Stalveder bei Bivio lebte irgendwann ein Bauer, der ein halber Philosoph war und neben seinem Tagewerk nichts lieber tat, als dem Gesang der verschiedenen Vögel zu lauschen, diesen sozusagen zu studieren. Daher erkannte er auch jeden einzelnen an seinem besonderen Pfiff oder Lied, und er wusste dem Gesang oder Gepfeife sogar zu entnehmen, wann sie schönes und wann wüstes Wetter ankündigten. Ja, und so war für ihn jeweils auch der Ruf des Kuckucks das untrüglichste aller Zeichen, dass nun der Frühling ganz sicher im Anzug sei.

Dies zu seinem eigenen Vorteil ummünzen zu können glaubte der pfiffige Vogel jedenfalls jenes Mal, als es schien, der Winter wolle dieses Jahr überhaupt kein Ende nehmen. Und die meisten Bauern blickten schon seit langem sorgenvoll in ihre fast leeren Heustadel. Nicht so unser Stalvedrer. Er verfügte gerade in diesem winterlichen Vorfrühling über einen gar wackeren Vorrat, während in Bivio oben vor allem einer sich den Kopf fast wund kratzte vor Sorge, wie seine Tiere in den Lenz hinüberzuretten seien.

Zum Glück erfuhr er von dem in Stalveder unten noch reichlich vorhandenen Heu, und unverzüglich begab er sich dorthin und brachte seine dringende Bitte vor, ihm eine Wagenladung Heu zu verkaufen. Doch da brannte er bös an. Jener schüttelte den Kopf: «Leider kann ich deinem Wunsch unmöglich nachkommen. Schau, der Gugger hat noch gar nicht gesungen, – also ist noch lange nichts von einem Frühling in Sicht! Und darum brauch' ich all mein Heu selber!»

Von der abschlägigen Antwort nicht weniger als von der nagenden Sorge betroffen, machte sich der von Bivio auf den Heimweg. Doch hopla! Unterwegs fiel ihm, der offenbar nicht auf den Kopf gefallen war, ein gar guter Gedanke ein, – wie er vielleicht mit einem kleinen Schelmenstück den Geizkragen von Stalveder nicht nur umstimmen, sondern sogar strafen könnte.

Er liess einige Tage verstreichen, dann begab er sich zu guter Stunde in den Wald ob der Siedlung Stalveder und begann so gut er konnte die Stimme des Guggers nachzuahmen: «Kuckuck! Kuckuck!» – und nach einer angemessenen Weile wiederum: «Kuckuck! – Kuckuck!»

Und schon schien es ihm, als gucke dort unten bereits der an Heu Reiche verwundert zum kleinen Stubenfenster heraus. Es war tatsächlich so, doch schüttelte dieser ganz ungläubig den Kopf angesichts des draussen alles andere als frühlingversprechenden Wetters. Aber schon ertönte nochmals der so sehnlichst erwartete und willkommene Ruf vom Wald herunter. Und zudem dachte der Angesungene auch sogleich an ein nun sogar mögliches gutes Geschäft mit seinem Heuvorrat, zog unverzüglich seinen Kittel über und eilte in grossen Schritten Bivio zu, um jetzt von sich aus dem Bettler das ihm Mangelnde anzubieten. Und nun nicht nur ein Fuder, sondern gleich deren drei.

Tja, als er aber einige Tage später zusehen musste, wie es wieder ärger denn je unbarmherzig zu schneien anfing, und von einem offenbar wieder fortgeflogenen Kuckuck gar nichts mehr zu vernehmen war, da hätte er sich ohrfeigen mögen. Wütend machte er die Faust gegen den Wald hinauf und rief in bestem Bivianer Dialekt:

«Cüc, 'na vota m'ischt cüchè,

cüc, ma tö nu'm cücascht plö!»

Was in einer menschlicheren Sprache etwa heissen könnte:

«Gugger, einmal hast du mich beschummelt,

Gugger, ein zweites erwischest du mich nicht mehr!»

Und von der Stunde an kümmerte er sich nicht mehr um das verdammte Geflunker der Vögel!

Rudolf Lanz: Il Biviano

Die tapferen Frauen von Tinizong

Gar manche unwillkommene Unruhe brachte in unsere Dörfer die Botschaft der neuen Propheten, welche an den bisher so festgemauerten Säulen des guten alten Glaubens zu rütteln begann. Von Süden wie von Norden kam ab und zu so ein neumodischer Minister und pries das an, was weit unten im Unterland, ja, sogar im fernen deutschen Land von neu auferstandenen Propheten verkündet worden sei: ein bereinigter Glaube [20].

So wunderte sich eigentlich niemand, dass eines Tages die Kunde durch das Tal ging, vom Unterhalbstein her seien keine geringeren als der berühmte Johannes Calvin und sein Meister Martin Luther leibhaftig unterwegs, um wortgewaltig unsere Dörfer zu diesem neuen Glauben zu bekehren. Aber olalà! Man habe draussen beim Crap Ses bereits bewaffnete Wachen aufgestellt, um den Eintritt dieser Störefriede zu verhindern! Vor dem Lauf der Flinten der hiesigen bärtigen und daher Furcht erregenden Jäger hätten sie doch «Schiss» bekommen und schleunigst Kehrt gemacht.

Und doch hatte da eines Tages unvermutet von Italien her so ein neugläubiger Minister in Tinizong auftauchen können, und der versuchte nach bestem Können und mit gar geschliffener Zunge, die Leute zum neuen, aber scheinbar doch ganz falschen Glauben zu verführen. Der verstehe halt schaurig gut zu predigen, fanden einzelne, sodass er bald einen Grossteil der dummen Mannsvölker auf seine Seite gezogen und um den Finger gewickelt hatte.

Das gefiel absolut nicht ihren den bisher geltenden Grundsätzen viel treuer zugeneigten Frauen. Als bei den einzelnen Eheleuten auch der beste in Küche und Schlafzimmer ausgetragene Hauskrach nichts fruchtete, rotteten sich im geheimen sämtliche Ehefrauen, Hausfrauen, Mütter und ledige Frauen zusammen und hielten Rat. Die Lösung war bald gefunden. Unverzüglich bewaffneten sie sich mit Gabeln und Sensen und Stöcken, belagerten mitten in der finsteren Nacht das Haus des falschen Propheten und jagten ihn zum Dorfe hinaus.

Ja, ja, nur dank dieser Heldentat verhinderten sie, dass ihre Gemeinde vom guten alten Glauben abfalle! Und es war sicher keine Anmassung, o nein, mehr als wohlverdient, dass sie dafür auch eine angemessene Belohnung verlangten. Diese wurde ihnen von den in der Gemeinde doch den Ton angebenden, aber offenbar zu besserer Einsicht gekommenen Mannsbildern umgehend gewährt. Und zwar durch die Ehre, dass seither in der Kirche von Tinizong die Frauen die Bänke auf der rechten Seite belegen dürfen, und nicht, wie überall üblich, auf der minderwertigen linken zu knien haben!

C. Decurtins: Rätoroman. Chrestomathie

Der Quellengeist von Bivio

Es mag wohl an die tausend Jahre her sein. Da schallte eines Tages die Trommel des Gemeindeweibels durch das Dorf Beiva [21]. Und es traten die angesehensten Männer zusammen, um eine wichtige Angelegenheit zu beraten. Seit einiger Zeit sprach nämlich alles von einem Dorfbrunnen, wie andere Dörfer einen solchen schon hatten, und den man endlich wünschte, damit man das tägliche Wasser nicht immer aus dem Talbächlein zu holen brauche.

Die Männer mussten dem berechtigten Wunsche recht geben und beschlossen, sich auch unverzüglich auf die Suche nach einer guten Quelle mit ganz frischem Wasser zu machen. Nachdem sie die Alpweiden und den spärlichen Wald durchforscht hatten, gelangten sie am Abend auf eine schöne Wiese über dem Dorfe, wo ein silberklares Wässerlein hervorsprudelte. Es war fast etwas Geheimnisvolles um diese Quelle, denn noch keiner hatte sie bisher je beachtet. Sie kosteten das Wasser, und alle fanden es ausgezeichnet, schön kalt und rein. Also kam man sogleich überein: diese Quelle sollte es sein und keine andere! Diese sollte gefasst und ins Dorf geleitet werden!

Wie sie noch da standen und davon sprachen, wie sich ihre Kinder und noch Kindeskinder freuen werden über das herrliche Wasser, vernahmen sie aus der Tiefe ein fast schreckliches Rumpeln und ein Dröhnen schier wie aus einem Butterfass. In diesem Augenblick spritzte die Quelle plötzlich hochauf, schäumte und brauste, und in dem Schaume zeigte sich ein ungeschlachter, weisser Haarschopf. Und dann drang ein unheimliches Gurgeln herauf aus dem Bett der Quelle. Das war nichts anderes als die tiefe hohle Stimme des «Om da l'*äva*», des Wassermännleins.

«Hört, ihr Mannen, – ich will mit euch ein rechtes Abkommen treffen. Wohl bin ich bereit, euch für ewige Zeiten mein Wasser zu überlassen. Aber dafür will ich etwas haben! Was gebt ihr mir als Entgelt?»

Der «mastr*al*», also der Gemeindevorsteher, überlegte eine Weile und sagte dann aufs Geratewohl: «Ein Ross samt dem Reiter darauf! Den ersten, der hier vorbeireitet, sollst du in die Flut hinunterziehen dürfen, wenn du uns immer gutes, gesundes Wasser spendest!»

«Ein ordentliches Angebot! Es lässt sich hören», brummte der Quellengreis, und sogleich wurde der Vertrag nach allen Regeln und für ewige Zeiten abgeschlossen und beurkundet. Und als dann der geheimnisvolle Geist ebenso rasch in die Tiefe verschwunden war, fanden die Gemeindemannen, sie hätten keinen schlechten Tausch gemacht und zündeten gar an Ort und Stelle ein Freudenfeuer an, dazu jauchzend und johlend, damit man im Dorf schon im voraus die gute Botschaft vernehme.

Beim allerersten Sonnenstrahl am folgenden Morgen begann man schon mit der Arbeit. Alles half mit, und nach wenigen Tagen schon konnten die Frauen am Dorfplatz ihre Eimer am neuen Brunnen füllen. Und wirklich, nie versiegte dieser, nie floss er etwa trübe, und bald wusste jeder Bivianer gar nichts mehr anderes, als dass der Brunnen seine Pflicht zu tun hatte.

Jedes Jahr, wenn der Schnee geschmolzen war, wurde es ganz besonders lebendig oben in der Quelle. «L'om da l'äva» drehte sich drunten in der «panaglia», seinem riesigen Butterfass, schwerfällig um wie eine «balena», ein Walfisch, und erschien regelmässig mit seinem mächtigen weissen Haupt an der Oberfläche. Vor Freude über das Eintreffen des Frühlings schleuderte er seine Sprudel in die Höhe, dass die Quelle gar überlief und sich ringsum die Wiesen mit Blumen bedeckten. Ja, dann wusste man: der Lenz ist wirklich im Land!

Unterdessen aber war im Dorf die Abmachung mit dem Alten gar bös in Vergessenheit geraten! Jener aber wartete weiterhin geduldig auf den Tag, da ihm der verheissene Lohn zuteil werde und er zu seinem guten Fang komme.

Es war viele hundert Jahre später, zu jener schlimmen Zeit, da die Franzosen unsere Täler heimsuchten und unsere Heimat ihre Freiheit verlor. Auch das Oberhalbstein widerhallte von Kriegslärm, und weil Beiva an einem so wichtigen Passweg nach Süden lag, nisteten sich hier auch die Rothosen ein, nachdem es ihnen gelungen war, die von ennet dem Berg herübergedrungenen Österreicher zurückzuwerfen. Und die französischen Eindringlinge benahmen sich nicht anders als alle Eroberer, indem sie sich freigebig all dessen bemächtigten, was Keller und Spensen enthielten. Deren Besitzer mussten gar manchmal froh sein, nicht an Leib und Leben bedroht zu werden.

Da ergab es sich, dass eines Abends zwei welsche Offiziere hoch zu Ross die Septimer-Strasse heruntergesprengt kamen. Der eine ritt einen prachtvollen Rappen, der andere hinter ihm einen fleckenlosen Schimmel. Weil sie es offenbar eilig hatten, nahmen sie eine Abkürzung über jene Wiese, wo die panaglia, die

Vertiefung der gefassten Quelle lag, und sie kamen dicht an ihr vorüber. Und da geschah es! Völlig überraschend tat sich der Wiesenboden wie ein Riesenmaul auf, und der vorausreitende Rappe samt seinem Reiter wurde in den Schlund hintergerissen. Der auf dem Schimmel sah noch, wie über seinem Gefährten ein Wasserwirbel gurgelnd in die Tiefe schoss. In einem einzigen kurzen Augenblick war alles geschehen.

Gleich darauf schon rieselte die Quelle aber wieder ruhig plaudernd weiter, so als wäre sie das unschuldigste Kind der Welt. Dem anderen Offizier jedoch fuhr begreiflicherweise ein tödlicher Schrecken durch die Glieder. Und er konnte nur heilfroh sein, in einem gewissen Abstand dahergeritten zu sein, sodass es ihm noch knapp gelang, sein aufbäumendes Ross mit den Zügeln zu zähmen und in einem Bogen der verfluchten panaglia auszuweichen.

Völlig niedergeschmettert und verwirrt gelangte er ins Dorf hinunter. Natürlich wurde das Vorgefallene auch dem Podestà, dem Talrichter, berichtet. Schon anderntags fand sich dieser mit den leitenden Männern von Beiva oben bei der Quelle ein. Und zu ihrem nicht geringen Erstaunen fanden sie an deren Rand die Hufeisen des verschwundenen Rappen.

Jetzt plötzlich erinnerten sich etliche der ältesten Leute, dass ihre Vorfahren noch davon zu berichten gewusst hatten, es sei einst mit dem Om da l'*äva*, dem offenbar doch unumschränkten Besitzer der verzauberten Quelle, eine gewisse Abmachung getroffen worden. Dieser entsprechend habe man ihm als Lohn für das gute Wasser den ersten an der Quelle vorbeikommenden Reiter versprochen gehabt.

Diesem scheint aber keine gute Grabesruhe beschieden gewesen zu sein. Denn noch lange nachher will man den welschen Reiter auf seiner «morra», dem rabenschwarzen Rappen, oben bei der Quelle herumgeistern gesehen haben, dies meist im Zwielicht des Einnachtens und bei nebligem Wetter.

Somit war der Quellengeist doch nach langer Zeit befriedigt worden, und das ist auch der Grund, warum sich die Bivianer heute noch, wie damals, an so quellfrischem Wasser laben können.

Rudolf Lanz: Il Biviano,
auch Arnold Büchli: Bündner Sagen, 1966

Der versetzte Grenzstein

Ein hübscher junger Mann von Tinizong hatte im Oberdorf seinen Schatz, den er fast Abend für Abend besuchte, da sie bald heiraten wollten. Als er eines Abends in der gleichen Absicht glücklichen Herzens dorfaufwärts schritt, stand da unerwartet ein ganz unbekannter Mann, der sich an die Eckmauer eines alten Hauses lehnte. Unser Bursche grüsste ihn mit seinem «buna sèira», erhielt aber keine Antwort. Daran wäre insofern nichts allzu Besonderes gewesen, hätte sich dies nicht in der nächsten Zeit allabendlich wiederholt. Natürlich war das aber Anlass genug, den regelmässig in dieser dunklen Ecke wartenden merkwürdigen Gesellen näher zu mustern. Dabei fiel dem Burschen am meisten auf, dass sein Gesicht deutlich einen bekümmerten, ja, traurigen Ausdruck zeigte.

Nun, bevor er etwas anderes zu unternehmen gedachte, wandte sich unser junger Mann an den Herrn Pfarrer um Rat, ihm die allabendlichen eigenartigen Begegnungen schildernd. Hochwürden überlegte eine Weile, sich das Kinn reibend, dann fragte er:

«Hast du Angst vor diesem Mann?»

«O nein, nicht im geringsten», war die ehrliche Antwort.

«Dann höre! Bei der nächsten Begegnung fragst du ihn, was er eigentlich wolle, nicht?»

Unser Bursche war damit einverstanden, und schon am übernächsten Abend ergab sich die Gelegenheit dazu. Denn tatsächlich wartete der Unbekannte und nach und nach doch unheimlich werdende an derselben Ecke. Wohl mit einem leicht beklemmenden Gefühl näherte sich Peder ihm, – so hiess nämlich der Bursche – und stellte die vereinbarte Frage. Und als ob jener schon lange gerade darauf gewartet hätte, gab er fast hastig Antwort, und, wie es dem Fragenden schien, mit einer tiefen, hohlen Stimme:

«Hole dir Pickel und Schaufel!»

Dies tat der Aufgeforderte dann doch nach einem ersten gut zu begreifenden Stutzen, und er holte von daheim das geforderte Werkzeug. Der Unbekannte winkte ihm nur, zu folgen, und sie stiegen immer höher hinauf, bis zu den Bergwiesen des Maiensässes Tigiel. Dabei redete der Unheimliche überhaupt kein Wort, und auch Peder zeigte keine Lust dazu. Bei einer leichten Anhöhe mitten in einer grossen Wiese hielt der Führer an und gab seine Anweisung:

«Grabe diesen Grenzstein da aus und bringe ihn dort hinüber, ich zeige dir genau, wohin!»

Der zum zweiten Mal nicht wenig überraschte Peder aber weigert sich, etwas zu tun, was ihn mit gutem Grund ein böses Unrecht dünkt:

«Nein, denn ich habe diesen Stein nicht gesetzt, und darum versetze ich ihn auch nicht!»

Unter deutlichem, tiefem Seufzen und Keuchen und dann sichtbar mühevoller Anstrengung greift sein Gegenpart selber nach Pickel und Schaufel, gräbt den Stein aus, trägt auch den Mocken etwa zehn Schritt hangaufwärts. Nachdem er dort ein neues Loch gegraben hat, scheint er wirklich am Ende seiner Kräfte, doch unser Bursche macht keine Anstalt, ihm helfen zu wollen, denn er möchte ja keinen Anteil haben an einem geschehenden Unrecht.

Nach der unter so viel Widrigkeiten beendeten Steinversetzung nimmt Peder sein Werkzeug an sich, und wiederum ohne ein Wörtchen zu teilen schreiten beide dem Dorf zu. Bei der Kapelle an dessen Rand angelangt, vernimmt Peder, wie im Kirchturm das Ave-Läuten einsetzt. Und schon beim ersten Anschlag der Glocke bricht sein stummer Begleiter unerwartet in einen jubelnden Ruf aus:

«Ich bin gerettet!»

Und im selben Augenblick ist er verschwunden.

Erst jetzt schiesst dem jungen Burschen ein eiskalter Schauder den Rücken hinunter, und er beginnt wie Espenlaub zu zittern und zu schwitzen. Völlig schweissgebadet langt er daheim an, und von Fieber geschüttelt muss er sich zu Bett legen. Ja, nur acht Tage darauf wird er zu Grabe getragen.

Um wen es sich bei dem Unbekannten gehandelt hatte, dies konnte er auch dem ihm die letzten Tröstungen bringenden Pfarrer nicht sagen, denn jener hatte es nicht verraten. Nur erinnerten sich plötzlich die ältesten Bauern und wussten noch davon zu berichten, dass es vor vielen Jahren ungemein böse Händel und einen gar langwierigen Prozess gegeben habe just um die Versetzung eines Grenzsteins.

Und für solche, die mehr wussten als andere, war es ganz klar: der damalige Grenzsteinversetzer hatte im Jenseits keine Ruhe gefunden, solange er das begangene Unrecht nicht gutgemacht hatte!

Nach G. Ant. Candreia. Igl Noss Sulom 1960
ebenfalls ähnlich C. Decurtins, Rätorom. Chrestomathie

Die Rothosigen in Riom

Natürlich nisteten sich die ins Land eingedrungenen Franzosen besonders in Riom ein, weil die stattliche Burg eine gute Herberge bot. Trotzdem hatten sie auch am Dorfrand gegen Salouf ihr Lager aufgeschlagen gehabt, wo Rosse und Mannschaft hausten. Sogleich hatten sie in den nächsten Häusern mit manch anderem auch die grossen Käsekessel beschlagnahmt und entsprechende Feuerstellen eingerichtet. Die Leute brachten vorerst recht freiwillig von ihren Vorräten an getrocknetem Fleisch herbei, und alles wanderte in die Kessel. Diese freiwillige Belieferung geschah nämlich auf Geheiss eines Mitbürgers, der selber in französischen Diensten gewesen war und hier als einziger etwas Französisch sprach und deshalb ergangene Befehle übersetzen und bekanntmachen konnte.

Angesichts der offenbar reichlich fliessenden Abgabe von Fleisch mussten die guten Leute aber beobachten, dass diese halbwilden Gesellen höchstens das Beste von den Knochen wegbissen und die nur halb abgenagten einfach aufs Feld hinausschmissen. Dies sehen zu müssen tat denen von Riom im Innersten weh, hatten sie doch selber alles andere als Überfluss. Und durch ihren «Franzosen», wie sie ihn wegen seiner besonderen Sprachkenntnisse nannten, wagten sie doch endlich, bei den Schlemmern sachte eine Mahnung vorbringen zu lassen, Gottes und ihre Gaben doch nicht derart zu verschleudern. Hei, sei dieser aber böse angebrannt! Und ein besonders grobschlächtiger Welschländer habe ihn angeschrien: «Knochen sind für die Hunde, falls es diesen überhaupt gefällt!» Solches vergassen die Riomer begreiflicherweise nie mehr, und es blieb tief in der Erinnerung haften.

Doch noch anderes wird erzählt. Bald hätten sich die Eindringlinge nicht nur mit dem Eintreiben von Lebensmitteln begnügt, sondern sich regelrechte Plünderungen erlaubt. Zu jeder Zeit und überraschend drangen sie in die Häuser und durchsuchten alles nach Kostbarkeiten, Münzen und Schmuck. Daher hätte mancher seine bescheidenen Wertsachen, in einem Topf oder Geschirr geborgen, im Kellerboden oder Garten vergraben.

Ja, ja, die böse Franzosenzeit vergass man in Riom nie mehr!

C. Decurtins: Rätorom. Chrestomathie

Die unheimlichen Kuhpansen

Manchmal gelang es sogar, den Hexen ihre oft recht gemeine Bosheit etwas heimzuzahlen! Dies tat jedenfalls einer jener drei Jäger aus Tinizong. Doch die Geschichte beginnt anders:

Drei dieser wackeren Nimrode aus dem Dorf waren auf dem Weg zur Pirsch gegen die Maiensässe des Ortes hinauf. An einer Stelle genannt «l'ans*a*gna», also «das Zeichen», erstarrten sie plötzlich beinahe vor Verwunderung ob dem, was sie sahen. Denn den steilen Hang herunter rollte und purzelte etwas wie der dicke Pansen [22)] einer vollbauchigen Kuh, somit ähnlich wie jener hautumschlossene Sack in deren Bauch, der die Innereien enthält. Ganz auffällig war jedoch, dass das Ungetüm deutlich sichtbar eine Unmenge starr glotzender Augen hatte.

Sich dessen bewusst werdend, dass es da nicht mit rechten Dingen zugehen konnte, riss der eine Jäger seine Flinte hoch und feuerte, – und schoss dem Unwesen deutlich ein Auge heraus.Der Pansen aber rollte weiter, nur in noch wilderen Kapriolen, den Hang hinunter. Und als er unten im Busch verschwunden war, setzten die Jäger ihren Weg fort, natürlich noch lange den Fall beredend und werweissend. Doch ob der bald darauf gemachten guten Jagdbeute vergassen sie vorerst die etwas unheimliche Geschichte.

Bis einige Wochen darauf jener, der geschossen hatte, mit seinem Ochsen nach Chiavenna unterwegs war, um von dort eine Ladung Mehl heimzubringen. Unterwegs holte er eine sichtlich müde Krämersfrau ein, und diese fragte bescheiden, ob sie aufsitzen dürfte. Selbstverständlich wurde ihr diese Gunst erwiesen. Doch fiel dem Fuhrmann sogleich auf, dass das arme Weib nur ein Auge hatte, das andere auch noch halb verbunden.

Schon beim ersten Dorf ennet dem Berg war sie scheinbar an ihrem Ziel, stieg vom Wagen und bedankte sich überhöflich, wobei sie aus ihrem Krämerkasten einen wunderschönen roten Ledergurt hervorkramte und dem Fuhrmann als Geschenk anbot, ihm ratend, diesen doch sogleich um den Leib zu legen.

Fürs erste war der Mann sehr erfreut, – nur schien ihn plötzlich ein eigenartiges Gefühl zu warnen. Dieser Stimme nachgebend, wartete er zu, bis er den nächsten Wald erreichte. Dort legte er der ersten Tanne den schönen Gurt um. Aber – o Schreck der Schrecken! – Schier in Blitzesschnelle begannen Baumrinde, Äste und Zweige zu verdorren und war die Tanne im Nu ein dürres Gerippe!

Jetzt ging dem biederen Manne ein Licht auf. Indem er sich wieder die einäugige Frau vorstellte, dann ihre übertriebene Freundlichkeit bedachte bei der Aufforderung, sich ja sogleich zu umgürten, wurde es ihm ganz klar: die Frau war eine Hexe, und ganz sicher jenes Ungetüm, das sich damals im Wald in einen die Leute nicht wenig erschreckenden Kuhpansen verwandelt gehabt hatte, um ja nicht erkannt zu werden. Und ebenso klar war, dass diese Hexe nun für die sie verunstaltende Verletzung hatte giftige Rache nehmen wollen!

Oho, das scheint nicht der einzige Fall gewesen zu sein, dass sich ein Hexenweib in einen «but*ta*tsch cun îgls», einen grausigen Kuhmagen verwandelt hatte. Ein solcher rollte auf Alp Flix einem noch recht spät vom abendlichen Schwatz bei den Bauern der nachbarlichen Maiensäss-Hütten Heimkehrenden bis vor die Haustüre nach, tat aber dem sich rasch Hineinflüchtenden kein Leid an.

Und einem anderen, der ebenfalls noch zu später Stunde von Bivio nach Flix unterwegs war, geschah bei der Sandgrube von Salvagi*à*ngas genau dasselbe. Dort erschreckte ihn nicht wenig ein vom Hügel herunterrollender, mit wild funkelnden Augen ausgestatteter Sack, eindeutig ein Kuhwanst. Kaum war der Mann an der Grube vorbei, sah er nichts mehr von dem scheusslichen Ding.

Einen ganz anderen Schrecken erlebte jener friedlich in seiner Pritsche in der Maiensässhütte in Flix Schlafende, als er mitten in der Nacht aus dem schönsten Schlummer buchstäblich gerissen wurde, weil ihm irgendjemand regelrecht Bett- und Wolldecke weg und über das Bettgestell hinunter zu zerren versuchte. Nur dank raschem und festem Zugriff gelang es ihm, dies zu verhindern, sodass aber ein wahres Gezerre entstand. Doch weil der Gegner dabei fast die Überhand bekam, wurde der bedrängte Mann – obschon er mit aller Kraft beide Füsse gegen das Bettgestell stemmte – in sitzende Stellung hochgerissen. Dadurch konnte er noch deutlich am Fussende des Bettes am Boden einen unförmigen und fürchterlich die wüsten Augen rollenden Kuhpansen erkennen, der ihm gewaltsam das Bettzeug wegzureissen versucht hatte.

C. Decurtins: Rätorom. Chrestomathie

Die Wildfrauen in Val Faller

Im Val Faller, jenem Seitental südwestlich von Mulegns, hat es einen Ort mit nur spärlichem Wald. Dieser wird noch heutzutage «der Wald der Wildfrauen» oder «Dialen» genannt [23]. In alten Zeiten war dieser Forst tatsächlich von wilden Frauen bewohnt. Das sollen unheimliche Geschöpfe gewesen sein, welche von Diebereien auf den Feldern der Bauern und von Wildfleisch lebten, ja, ab und zu sogar Tiere aus den Herden erbeuteten. Ihre beliebteste Beute aber waren – Kinder!

Diese hatten daher eine heillose Angst vor ihnen, dies schon deswegen, weil sie von den Erwachsenen als unglaublich wüste und böse Wesen geschildert wurden. Und aus schlimmen Erfahrungen wusste man, dass es jenen gar nicht gut erging, die sich von ihnen erwischen liessen. Denn die geschnappten Kinder wurden in ihrer Höhle eingesperrt, gut aufgepäppelt und dann, – nein, das zu sagen widerstrebt bis in die Fingerspitzen hinaus!

Und doch sollte es wiederum geschehen. Eines Sommertages entdeckten einige Wildfrauen auf der Sblogs gegenüberliegenden Alpweide den auf einem Stein sitzenden und ganz in seiner Beschäftigung versunkenen, nämlich mit dem Messer Kerben in seinen Stock schnitzenden und sorglos nur für sich singenden Geissbuben, während seine Herde in der Umgebung weidete.

Das weckte in den Fänggen sogleich den gierigen Beutetrieb. Als sich der nichts ahnende Bub erst recht noch auf seiner Steinplatte ausstreckte und einschlief, schlichen die Scheusale lautlos heran, bildeten einen Ring um ihn – und dann war er gefangen! Obwohl er, aufgeschreckt, sich mit Füssen und Fäusten und Beissen zu wehren versuchte. An den Händen gefesselt wurde er in die Waldhöhle geschleppt. Dort sperrten sie ihn sogleich in eine Art Käfig, und die älteste von ihnen wurde mit der Bewachung beauftragt. Ihr wurde auch streng aufgetragen, den Gefangenen stets mit sehr guter Speise zu füttern, damit er ja raschestens schönes Fett ansetze. Aber schon aus dem, was der Geissbub daheim hatte erzählen hören, und nicht weniger aus dem, was er jetzt aufzuschnappen vermochte, überkam ihn eine immer grössere Furcht. Und dazu erst das nagende Heimweh! Das alles hatte zur Folge, dass er an Gewicht eher ab- statt zunahm.

Eines Tages vernahm er darum, wie die Alte zu den anderen sagte: «Dieser da will und will einfach nicht fetter werden! Phah, was warten wir zu? Es ist doch besser, ihn schon jetzt zu schlachten, bevor er noch magerer wird! Für eine Suppe wird er wohl recht sein!»

Man möge sich vorstellen, in was für eine Panik diese Worte unseren Geisshirten versetzten! Von nun an sann er Tag und Nacht nichts anderes, als wie er sich befreien könnte. Und die Gelegenheit dazu sollte sich tatsächlich sogar recht bald ergeben, nämlich als die ganze Meute die Höhle verliess, um auf Jagd zu gehen; nur die Alte blieb daheim. Und nachdem sie ein Schläfchen gemacht hatte, schlurfte sie zum Käfig her und sagte ganz freundlich:

«So, Büblein, komm mit! Wir wollen beide ins Freie hinaus und die wärmende Sonne geniessen. Und dabei kann ich nachsehen, ob du nicht etwa Läuse in den Haaren hast. Denn ich glaube, das ist der Grund, warum du nicht feiss wirst!»

Dem nicht dummen Buben war es aber nicht entgangen, dass die Alte, halb in ihrem Kleid versteckt, ein Beil in der Hand trug. Denn, was sie vorhatte, war klar. Draussen vor der Höhle setzte sie sich auf einen Holzblock und hiess den Geisshirten, sich neben sie auf einen Stein zu setzen, damit sie nach Läusen in seinem Haarschopf suchen könne. Die offenbar doch etwas einfältige Frau schien ihrer Sache so vollkommen sicher, dass sie dem Buben wirklich nicht die geringste Arglist zutraute. Daher merkte sie auch nicht, wie dieser sich sachte, sachte immer mehr auf sie zuschob – sich dann blitzartig bückte, das am Boden liegende Beil ergriff und damit unter voller Wucht auf den Kopf der Alten einschlug, sodass sie vom Holzblock kollerte und tot liegen blieb.

Jetzt aber, nichts wie fort! In wahren Sprüngen hastete der Geissbub von der Höhle weg und die Wiesen von Sblogs hinauf. Dort bestätigte sich, was er gehoffte hatte: ein Bauer aus Mulegns war schon am Heuen, denn es war Juli und die Zeit, in den Bergwiesen zu ernten. Diesen, der ganz verdutzt ihren Geisshirten atemlos heranrennen sah, bat derselbe, ihn um Gottes heiligen Willen irgendwo zu verstecken, da ihm die Wildfrauen bestimmt nachsetzen würden, und dann –. Noch ganz ausser Atem, konnte er dem Mann nur in knappsten Worten erklären, was sich ereignet hatte und wie es ihm zu entkommen gelungen sei. Wenn sie ihn aber erwischten, sei er verloren!

Der Bauer hatte bereits ordentlich viel Heu zu dicken Mahden zusammengerecht und versteckte den Geissbuben unter einem

solchen Haufen, wobei er noch zusätzlich einige Armvoll aufhäufte. Dann arbeitete er in aller Ruhe weiter, als ob nichts geschehen wäre.

Tatsächlich waren unterdessen die Fänggen von ihrem Streif-
zug zurückgekehrt und fanden ihre Alte mausetot am Boden liegen. Mehr vor Wut, als vor Trauer, führten sie sogleich einen wilden Tanz auf, schrien und fluchten wie wahre Bestien. Natürlich
war es ihnen sogleich klar, dass nur der Geissbub der Schuldige
sein konnte. Doch weit konnte er noch gar nicht gekommen sein.
Da sie, den wilden Tieren ganz ähnlich, mit einem äusserst schar-
fen Geruchsinn ausgestattet waren, setzten sie sich sogleich auf
die Fährte des Ausgerissenen und gelangten auch recht bald auf
jene Wiese, wo der Bauer friedlich am Werken war.

Sobald dieser die Furien sich nähern sah, ergriff er seine in der
Nähe abgelegte Sense, um ja eine scharfe Waffe zur Hand zu haben. War es doch bekannt, dass sich die Wildfrauen vor nichts so
sehr fürchteten, wie vor der gar gefährlichen Schneide einer Sense.

Aber bereits hatten diese Teufel dank ihrem Geruchsinn irgendwo den Versteckten erschnuppert, und sie erwirkten die Erlaubnis, auch unter den Heuhaufen nach ihm suchen zu dürfen.

«Das dürft ihr auf der ganzen Wiese, nur nicht unter jenem Haufen dort, weil ich da meine «marenda», mein mitgenommenes Essen und alles Übrige versorgt habe!» war des Bauern Bescheid. «Doch solltet ihr dies anrühren, lernt ihr nicht nur meinen dort angeketteten Hund, sondern auch diese da kennen!» Und er schwang drohend die Sense.

Immer noch kochend vor Wut durchwühlten die wilden Unholde sämtliche Mahdhaufen, kehrten alles von zuunterst nach zuoberst. Aber als sie nirgends eine Spur des Gesuchten entdecken konnten, machten sie frech Anstalten, sogar im verbotenen Haufen wühlen zu wollen. Jetzt aber war es genug! Der aufgebrachte Bauer löste seinen bereits die ganze Zeit wütend und angriffslustig an der Kette reissenden Bello. Dieser stürzte sich mit wahrer Mordlust auf die Fänggen, biss sie in die Waden und wo er gerade traf, während der Bauer nach rechts und nach links seine Sense sausen liess und drei dieser Wilden tötete. Die anderen suchten Hals über Kopf das Weite, der Hund ihnen kläffend und beissend auf den Fersen.

Je, wie dankte da der arme Geisshirt ganz überschwenglich seinem Retter. Natürlich hatte man im Dorf den Geissbuben sogleich vermisst gehabt, nachdem an jenem Abend die Geissen allein heimgekommen waren, und lange hatte man nach ihm gesucht. Nicht ganz ohne Grund vermutend, er, der bekanntermassen gern überall herumkletterte, könnte sogar in den nahen Klüften abgestürzt sein. Umso grösser war im Dorf die allgemeine Freude, als er wieder auftauchte. Doch wie schlug männiglich die Hände über dem Kopf zusammen vor Entsetzen, als er davon berichtete, was mit ihm geschehen war! Seit jenem Tag aber hat man in ganz Sblogs keine einzige Wildfrau mehr gesehen. Endlich war man diese wahre Landplage losgeworden!

C. Decurtins: Rätoroman. Chrestomathie;
Andreia Steier: Las violas da Faller, Schullesebuch I.

Die Briganten auf dem Septimer

Auf dem Septimerpass, zwischen Bivio und Casaccia, standen einmal ein Kirchlein und eine kleine Herberge [24]. Später war da nur mehr diese unterdessen mehr zu einer Spelunke verkommene Wirtschaft. Und im 16. Jahrhundert waren die Gebäude ganz zerfallen, und niemand dachte mehr daran, sie zu restaurieren. Dies wohl deshalb, weil das Haus auf dem Septimer vorher zu einer Unterkunft gemeiner Räuber, Diebe und gar Mörder geworden war.

So erzählt der Volksmund, eines Abends sei da ein reicher Ritter – ein Salis von Soglio – angekommen. Da er todmüde war, ersuchte er um ein Nachtlager im zwar nicht sehr ansprechenden Hause. Fast überhöflich boten ihm die Briganten Nahrung und das gewünschte Bett an, um sich zu stärken und auszuruhen. Während der Gast am Essen war, verschwanden alle in den Keller hinunter. Es war klar: sie gedachten, ihn zu ermorden, zu berauben und irgendwo zu vergraben, so, wie sie auch mit anderen verfahren hatten.

Weil der Ritter ein junger, fröhlicher und zudem gar hübscher Bursche war, tat er dem Dienstmädchen der Briganten im Herzen leid. Da sie nun allein in der Schenke waren, schlich sie zu ihm hin und flüsterte ihm zu: «Höre mich an, guter Mann, – du hast keine Zeit zu verlieren! Fliehen wir beide sofort von hier, oder du wirst von diesen Schergen ermordet!»

Der Herr von Salis, solches hörend, sprang auf, stürmte hinaus, wickelte etwelche vom Mädchen gebrachte Lumpen um die Hufe seines Pferdes, hiess seine Retterin folgen und galoppierte in die Nacht hinaus. Der Lärm der Hufe wurde durch die Lumpen fast vollkommen gedämpft.

Inzwischen fand ein vom Keller heraufgestiegener Räuber die Schenkstube ganz leer, weder Ritter noch Dienstmädchen mehr da, und mit grossem Lärm alarmierte er seine Kumpanen. Allesamt rissen sie die Pferde aus dem Stall und galoppierten den Ausreissern nach, drei in Richtung Cavreccia gegen Bivio hinunter, vier auf Casaccia zu, wohin sich die Flüchtenden auch gewendet hatten.

Eine ganze Strecke vermochte die Magd im Laufschritt dem vorauseilenden Ritter zu folgen, fiel dann aber immer weiter zurück. In ihrer Not fand sie unter einem Brücklein doch ein knappes Versteck, wo sie sich notdürftig zu verbergen vermochte. Denn schon hörte sie die Briganten heranstürmen; aber ausgerechnet beim Steg hielten sie an und werweissten, ob die Beiden überhaupt diesen Weg genommen haben könnten. Alles andere als freundlich ertönten ihre Flüche und Drohungen: «Wenn wir diese Canaillen erwischen» – schrie einer – «ergeht es ihnen schlecht! Das dickste Stück, das von ihnen übrig bleiben wird, ist ein Ohr!»

Die arme Magd zitterte begreiflicherweise in höchster Todesangst. Aber zum Glück stürmten die Briganten schon wieder davon in Richtung Val Maroz. Unterdessen hatte auch der Cavaliere in einem Heuschober ein Versteck gefunden, wo er sich unter einem dicken Heuhaufen vergrub, ergeben seines Schicksals harrend. Natürlich fanden die Briganten sein Pferd nicht weit davon entfernt. Voller Wut bemächtigten sie sich des unschuldigen Tieres und misshandelten es in gar erbärmlicher Weise. Selbstverständlich vermuteten sie ganz richtig, da könne auch der Geflüchtete nicht allzuweit zu finden sein, wer weiss, sogar in diesem einsamen Heuschober? Mit dort vorgefundenen eisernen Stangen stachen sie im Heu herum, so hoffend, auf ihn zu treffen, falls er darunter liegen sollte. Und um ein Haar hätte einer von ihnen den doch um sein Leben Bangenden getroffen. Aber der liebe Gott stand ihm offenbar bei. Schimpfend und fluchend gaben jene schliesslich die Suche auf und machten sich wieder auf den Heimweg zum Septimer hinauf.

Tags darauf trafen Magd und Ritter einander in Vicosoprano wieder, gesund und heil. Auf ihren Bericht hin, besonders auf das Zeugnis des Dienstmädchens abstellend, wurde sofort eine Squader Soldaten zum Septimerpass hinaufbeordert. Die Briganten wurden gefangen und gleich an Ort und Stelle hingerichtet, aber auch in derselben Grube verscharrt, die sie ihren Opfern zugedacht gehabt hatten.

Die Abbildungen ihrer Köpfe und auch jenes des armen gequälten Pferdes, seien heute noch auf einem Gedenkstein an der Fassade des Palastes Salis in Soglio zu sehen. Aber seither trage der Bergpass auch den Namen «Septimer», was der Zahl der sieben Räuber entspreche, die dort einmal ihr Unwesen getrieben hatten!

Gemäss Lesebuch der bündneritalienischen Schulen

Das gesegnete Kerzenwachs

Es dürfte doch merkwürdig sein, dass Hexen sogar in der Gestalt wahrhaftiger Tiere ihr Unwesen treiben konnten! Dies geschah nicht etwa nur in jenem fast verfemten Tinizong! Aber immerhin war es dort, dass man eine Zeitlang Nacht für Nacht Schaden erlitt am Federvieh, und dies eindeutig durch einen herumstreunenden Fuchs.

Als man erachtete, nun sei wirklich das Mass voll, entschlossen sich zwei mutige Jäger endlich, ihm das schändliche Handwerk zu legen. Und mehrere Nächte lang legten sie sich auf die Lauer, und zwar in einem einsamen Häuschen bei der Brücke zwischen Tinizong und Rona.

Doch war ihnen kein Glück beschieden, obschon der Fuchs jede Nacht zum ausgelegten Köder schlich und ihn verschlang oder verschleppte. Und obwohl sie den Lump deutlich hatten er-

spähen und sogar die Flinte auf ihn hatten abfeuern können. Als ob irgendeine unheimliche Macht die Schrotladung vom anvisierten Ziel abgelenkt hätte! Begreiflich, tauchte da sogleich der Gedanke auf, es sei sogar Hexerei im Spiel. Bis der eine der Jäger einen glücklichen Einfall hatte: etwas gesegnetes Wachs von einer am heiligen Karsamstag geweihten Osterkerze auf die Zündpfanne der Flinte zu streichen!

Nun so vorbereitet, haben sich die beiden Jäger mit neuer Zuversicht auf die Lauer gelegt. Und er erschien wieder, der gemeine Kerl. Einer der Lauernden zielte, schoss – und traf diesmal wahrhaftig den frechen Räuber! Aber offenbar doch nicht tödlich, denn das immerhin eindeutig verletzte Biest vermochte sich davonzumachen. Und wie die Beiden zu ihrer nicht geringen Verwunderung feststellten, sogar in Richtung des Dorfes, was auch die deutliche Blutspur erkennen liess.

Wie staunten aber die Jäger, als schon am anderen Morgen die Kunde durch das Dorf fegte, eine bereits als «miss*u*ia» verdächtigte Frau von zuhinterst im Dorf liege im Sterben. Und eine auf deren Bitte ihr zu Hilfe geeilte Nachbarin bezeugte, sie hätte am ganz bös zugerichteten Rücken der Sterbenden eine Unmenge Einschläge von Schrotkugeln entdeckt!

Nun war die Sache mehr als erwiesen, umsomehr, weil seither sowohl die armen Hühner, wie auch die Bäuerinnen Ruhe hatten!

C. Decurtins: Rätorom. Chrestomathie

Die genarrten Schatzsucher

«**S**eht ihr jenen mächtigen Steinklotz dort oben mitten unter dem anderen Geröll, genau in der Richtung meines Zeigefingers? Also, auf diesem Stein steht eingemeisselt: «Wer imstande ist, mich auf die andere Seite zu drehen, der wird einen gewaltigen Schatz finden!»

So sprach ein zusammen mit seinen Kameraden an der Julierstrasse beschäftigter Arbeiter zu diesen. Das war beim Einnachten an einem ferne zurückliegenden Tag des Jahres 1838. Man war soeben daran, aus dem bestehenden gar schlechten bisherigen Julier Passweg eine ordentliche Strasse zu machen, und zahlreich waren die daran beschäftigten Arbeiter, allermeist Italiener. Dieser Verkündigung ihres Kameraden lauschten die anderen natürlich mit etwelcher Spannung und mancher sogar mit geweckten Hoffnungen.

Dies zeigte sich schon am Geflüster, das nun besonders bei einem Grüpplein festzustellen war. Wenn es wirklich so sein sollte, – warum dann noch lange zuwarten? Sozusagen ohne jegliche weitere Abmachung ergriffen sie Pickel, Schaufeln und Hacken und stiegen die Geröllhalde hinauf. Bei besagtem Riesenstein angelangt, beschauten sie den merkwürdigen Brocken von allen Seiten. Was, darunter sollte ein ebenso gewaltiger Schatz liegen? Ein mit ihnen heraufgestiegener Bauleiter rief: «Oho, nicht lange stutzen und staunen! Den drehen wir auf die Seite!»

Hei, wie bedurfte es des äussersten Krafteinsatzes, und wie flossen Bäche von Schweiss, bis sich der Klotz nur einwenig zu bewegen schien! Und dann einen Blick gestattete in seinen geheimnisvollen etwas freigeschaufelten Untergrund! Dann endlich, nach neuen Kraftanstrengungen aller schien er wenigstens auf einer Seite sich aus seiner Verankerung lösen zu lassen.

«**N**ur jetzt nicht nachgeben! Schnell, an die Schaufeln, an die Pickel! Gilt es nun doch erst recht, den Schatz zu finden!»

Und sie schufteten weiter, Stunde um Stunde und hatten zuletzt ein riesiges Loch herausgebuddelt, schier so tief, dass ein halbes Haus darin Platz gehabt hätte! Aber von einem verborgenen Schatz – da war nichts zu entdecken!

Als einer der Schuftenden eine Schnaufpause einlegte und von der Tiefe der Grube in die Höhe blickte, entdeckte er unversehens, dass an der Grundfläche des Steinkolosses eine deutliche Inschrift stand. Auf seinen verblüfften Ruf hin hielten natürlich alle inne, stieg sogar der Bauleiter in das Loch hinunter, und man beschaute sich die geheimnisvollen Worte. Und da konnten alle den in guter romanischer Sprache eingekritzelten Spruch lesen, der Leiter es sogar gleich übersetzen:

«O grazia, buna postas,	«O danke, liebe Leute,
ci'm vais schi bagn vultè;	die mich gewendet habt!
i' veva mêl las costas,	Mich schmerzten alle Rippen,
ci nun pudeva plö!»	ich hielt's fast nicht mehr aus!»

Was für eine Enttäuschung! Vollkommen entmutigt liessen Bauleiter und Arbeiter die Arme sinken und der völligen Erschöpfung nahe sich gegen die Grubenwand fallen.

Und nach einem solchen für nichts und wieder nichts aufgewendeten Krampf sollten sie nun in ihre Unterkunft zurück, um dort statt zu feiern und zu festen, sich die Spottreden anzuhören! Begreiflich, dass in den nächsten Tagen die gesamte Meute der anderen Arbeiter samt den Bauleitern sich den verfluchten Steinbrocken anschauen wollten, um ja noch einmal ergiebig über den Streich lachen zu können. Aber dann kam doch die Meinung auf, man sollte den vermaledeiten Stein gehörig strafen für seinen fast teuflischen Betrug. Gesagt, getan! Arbeiter und Ingenieure beschlossen, ihn mit Minen zu bestücken und in die Luft zu jagen. Und der Riese zerbarst wunschgemäss in Tausende von Splittern, die sich mit der übrigen Geröllhalde vermischten, sodass in Ewigkeit niemand mehr feststellen kann, wo der Galgenvogel einmal gestanden ist!

Aus dem bündneritalienischen Schullesebuch

Zur Aussprache: Diesem hier nach italienischer Art geschriebenen «ci» entspräche das im Oberhalbsteiner Romanisch übliche «tgi».

Fort mit den Kapuzinern!

Ja, so soll es einmal in der Pfarre Riom drohend ertönt haben, als diese noch durch Kapuzinermönche versehen wurde [25]. Ja, ja, und die letzten von ihnen, die hier wirkten, seien sogar durch böse Leute gewaltsam vertrieben worden. Dabei hätten sich Angehörige einer gewissen Familie «Bretger» besonders unrühmlich hervorgetan, indem vor allem sie die übrige Bevölkerung gegen die schlichten Mönche der braunen Kutte aufhetzten und sie dann buchstäblich unter einem Steinhagel die Gasse hinunterjagten. Möglicherweise hatten auch sie schon vorher den giftigen Spruch an die Kirchenpforte geschmiert gehabt: «Kein Kapuzinergesindel mehr in Riom!»

Die Armen, die ja nur Gutes getan hatten, fühlten sich doch ungerecht und unbarmherzig behandelt. Deshalb habe sich einer von ihnen noch beim allerletzten Wegrank unterhalb der Burg umgewendet und, gegen das Dorf die Hand erhebend, diesem drei ganz schlimme Schicksalsschläge geweissagt. Darunter einen durch das Wasser und einen durch das Feuer.

Nun, gute Leute – denn auch solche gab es durchaus noch in Riom – nahmen diese ungewohnte Drohung doch ernst. Glaubte der Volksmund halt immerhin, dass diese Kapuzinergeistlichen mit besonderen Gnaden ausgestattet seien, und dies deshalb, weil sie in völliger Armut und nur bescheiden ihrer Berufung lebten.

Gegen Ausbruch eines Brandes konnte man sich ja durch besonders sorgfältigen Umgang mit dem Element Feuer vorsehen. Viel klarer vor Augen sah man aber eine andere mögliche Gefährdung: durch den das Dorf durchquerenden Bergbach, weil dieser schon manchmal seinen Groll hatte spüren lassen.

Um also alle dem Dorf drohenden unberechenbaren Gefahren mit Gottes Hilfe zu bannen, taten sich die frommen Frauen von Riom zusammen und fassten das feierliche Gelübde, von nun an beim abendlichen Rosenkranz-Gebet immer auch die Allerheiligen-Litanei zu beten, um damit alle Heiligen des Himmels zu bestürmen, Fürbitte einzulegen beim Allmächtigen, damit er das Dorf vor dieser Gefahr bewahre. «Und das wird noch heute so gehalten!» schloss der Erzähler der Sage [26]. Und bis zum heutigen Tag hat der Herr über alle Kräfte und Gewalten die Bitte erhörend, gnädig seinen Schutz gewährt und besonders dem gefährlichen Bergbach feste Zügel angelegt.

C. Decurtins: Rätorom. Chrestomathie.
A. Grisch: En curt viada tras Surses

Die Hexe in der Speisekammer

Wenn es schon vorgekommen sein soll, dass sich dem Hexenwerk ergebene Frauen sogar als schlaue Füchse oder andere Tiere vermummten, ging jene von Salouf sogar als rabenschwarze Katze auf Raubzüge aus. Unter diesem Katzenfell verbarg sich dort einmal niemand anders als ein altes Hutschelweib aus dem Oberdorf. Ein verschupftes Ding war es allerdings, das in gar armseligen Verhältnissen irgendwie sein Leben fristete, dies wusste man, und es sei wahr gewesen. Und wohl deshalb musste sie sich sogar mit Stehlen des Nötigsten über Wasser halten, wobei ihr die schwarze Kunst offenbar die besten Dienste erwies. Dies somit auch, als sie sich eines Samstagabends in der Gestalt einer Katze in die «tgimin*a*da», die Speisekammer des reichsten Bauers schlich um wieder einmal auch zu einem Bissen Fleisch für den Sonntagstisch zu kommen.

Unglücklicherweise aber betrat der Bauer aus dem gleichen Grunde und just zur selben Zeit dieselbe Vorratskammer, um seiner Frau ein gewünschtes Stück für den Braten des nächsten Tages zu holen. Doch was entdeckte er zu seiner nicht geringen Verwunderung? Das grausige schwarze Vieh, das schon einen saftigen Schinken mit den Zähnen festklammerte!

Zuerst wie vom Donner gerührt in der Türe festgenagelt stehend, sich dann blitzartig dessen bewusst werdend, es könne da nur Teufelsspuk im Spiel sein, dass irgendjemand den Weg in diese Speisekammer finden könne, erwischte der Mann ein dickes Holzscheit und traf damit die Katze mitten auf den Kopf. Ihr gelang es aber trotzdem, ungeachtet der Beute im Maul, mit einem Riesensatz auf das Sims des offenen Fensterchens zu springen, von dort auf das kleine Vordach des Schopfes, – und weg war sie!

Anderntags, am heiligen Sonntag, humpelte unter den Kirchgängern auch das Hutschelweib aus dem Oberdorf daher, den halben Kopf aber mit einer dicken Binde umwickelt. Haa, das konnte nur die gestern als schwarze Katze in seine Speisekammer eingedrungene Hexe sein! Leider liess es sich trotz der offensichtlichen Verletzung am Kopf nicht beweisen. Und als der Bauer während des Gottesdienstes unter Beten und Nachgrübeln sich die doch armselige Lage der Frau vergegenwärtigte, und dann auch jene Worte mitbetete, die heissen: «... und vergib uns, wie auch wir unseren Schuldigern vergeben», da stand es bei ihm vollends fest, ihr den ergatterten guten Bissen sogar von Herzen zu gönnen!

C. Decurtins: Rätorom. Cherstomathie

Das Nachtvolk bei der Gneida

Es mochte schon die Mitternacht nahe sein, als sich der selig verliebte Bursche von Cunter auf dem Heimweg befand, nachdem er der von ihm Verehrten in Salouf einen beide beglückenden Besuch abgestattet hatte. An einer bestimmten Stelle, welche Gneida genannt und noch genauer mit «igls Trembels», die Zitterpappeln, bezeichnet wird, vernahm er von irgendwoher, dass da offenbar eine ganze Schar von Leuten unterwegs zu sein schien, obschon sie mehr undeutlich murmelten, als verständlich zu reden. Ihm schien, als kämen sie von der schmalen Talebene von Danèis heraus, sich aber schier in Windeseile nähernd.

Um von diesen Nachtschwärmern ja nicht erkannt und womöglich blossgestellt zu werden, weil er glauben musste, es seien Burschen und Mädchen von Salouf, schlug sich der Heimkehrende schleunigst hinter das nahe Gebüsch. Aber nun wurde ihm irgendeine unbekannte Macht zum Verhängnis, denn wie von Geisterhand festgehalten blieb er dort angenagelt stehen! Um keinen Preis wäre er imstande gewesen, sich von der Stelle zu rühren und wieder auf die Landstrasse zu gelangen.

Unterdessen war auch das unheimliche Nachtvolk an ihm vorbeigesaust, doch musste ihn dieselbe unsichtbare Macht auch mit Blindheit geschlagen haben, denn er vermochte nichts, gar nichts von ihnen zu erspähen. Und die Erstarrung dauerte stundenlang! Erst als dann in Salouf und dem nahen Cunter die Aveglocke ertönte – der Tag war kaum angebrochen – und der Bursche – zwar mit merkwürdiger Mühe – doch imstande gewesen war, das von seiner Mutter übernommene Morgengebet zu murmeln, wurde er endlich von dem Bann erlöst.

Welch geheimnisumwittertes Volk da an ihm vorbeigebraust war, das hätte er mit bestem Willen nicht zu sagen vermocht. Und auch in Salouf wusste niemand Rat, versicherten sämtliche Jugendliche, sie hätten selbige Nacht schön brav daheim im Bett verbracht.

Dem armen verliebten Burschen hatte das unheimliche Erlebnis aber doch arg zugesetzt, heisst es doch, ob der durchgestandenen schrecklichen Stunden habe er über Nacht schlohweisses Haar bekommen. Und doch hatte er unfassbares Glück, kam er immerhin mit heiler Haut davon. Und seine Auserkorene heiratete ihn trotz der nunmehr weissen Haare!

C. Decurtins: Rätorom. Chrestomathie

Der Schlangenbeschwörer

Ja, ja, dort war weder Mensch noch Tier seines Lebens mehr sicher, weder die das Vieh betreuenden Älpler, noch die Bauern, wenn sie ihre Bergwiesen bewirtschafteten, wussten mehr ein und aus und waren nahe daran, diese offenbar verwünschte Alp aufzugeben.

Doch da erschien, ebenso unvermutet wie unerwartet, der rettende Engel, und zwar in der Gestalt eines jener fahrenden Studenten, wie es früher oft solche gab. Und dieser, der rein zufällig hier in Savognin eine Nachtherberge suchte, war ein ganz besonderer, nämlich ein Schüler der schwarzen Magie und in dieser Kunst wohlbewandert, wie er versicherte.

Er hörte von der schlimmen Plage, worunter man hier litt, von dem scheusslichen Schlangengezücht, welches seit einiger Zeit das Leben der Alpsässen aufs schlimmste gefährdete und zur Hölle machte. Eigenartigerweise erkundigte sich der Fremde sogleich nach einer Einzelheit: ob man etwa unter diesen Schlangen nicht auch eine weisse erblickt habe?

«Nein», hiess es allgemein, «weisse haben wir noch nie gesehen».

«Sehr gut», erwiderte der schwarze Geselle. «Mit den anderen werde ich leicht fertig. Nur müsst ihr genau meine Anordnungen befolgen!» O ja, das wollten sie noch so gerne, wenn man nur endlich von diesem schrecklichen Übel befreit würde! Und noch so bereitwillig willigten sie sofort ein, mit dem vom Retter verlangten Golddukaten herauszurücken.

Also befahl jener als erstes, Holz zu sammeln und herzubringen, um es auf der Alpweide rings in einem grossen Kreise aufzuschichten. Und in dessen Mitte sollte man einen Holzblock aufstellen, worauf er stehen könne.

Sobald dies alles zu seiner Zufriedenheit geschehen war, sprang der Geselle behende auf den Strunk und hiess das aufgeschichtete Holz anzuzünden. Er selber fing an auf einer kleinen Trompete zu spielen, die aber so scharfe, giftige und schrille Töne von sich gab, dass man es sicher bis in den gegenüberliegenden Dörfern hören musste.

Und was geschah? Im Nu begannen aus allen Richtungen, unter Steinen, Baumstrünken und Gestrüpp Schlangen hervorzukriechen, – Schlangen und Schlangen und schier kein Ende! Wirbelnd und ringelnd stürzten sie kopflos, richtig von der magischen Gewalt der unmenschlichen Töne gezwungen, auf den Spieler zu. Doch weil sie dabei den brennenden Ring durchqueren mussten, verbrannten sie allesamt. Sogleich ward auch die Luft von einem fürchterlichen Gestank verbrannten Fleisches ganz geschwängert.

Als die Schlangen sicher zu Hunderten verbrannt waren schien es doch, als müssten sie wirklich alle vertilgt sein; denn eine ganze Weile erschien keine mehr. Doch dann, urplötzlich, erblickte der Trompeter von seinem Block aus, wie von zuoberst am Berghang eine riesige und zudem ganz weisse Schlange in unheimlicher Geschwindigkeit heruntersauste um sich geradeswegs auf ihn zuzustürzen. Voller Verzweiflung schrie der Beschwörer auf: «Himmel und Hölle! – jetzt ist es aus mit mir!»

Und wahrlich, das höllische Biest übersprang mit einem gewaltigen Satz den brennenden Ring und mit einem ebenso wuchtigen schnellte es in die Höhe und durchbohrte dem Burschen die Brust, sodass er und die Schlange zu Boden stürzten und tot waren.

Aber nicht umsonst war das Opfer, das er für die bedrängten Bauern von Savognin gebracht hatte: von jenem schrecklichen Tag an sah man auf diesen Alpweiden keine einzige Schlange mehr! Ob es aber irgendwo im Gebiet doch noch solche gibt, und sogar eine weisse, dafür kann freilich gar niemand seine Hand ins Feuer legen!

C. Decurtins: Rätorom. Chrestomathie

Die sonderbare Taglöhnerin

Eine ganz sonderbare war, wie es sich entpuppen sollte, jene Frau von Tinizong, welche sich durchs Leben schlug, indem sie sich bei den Bauern als Taglöhnerin verdingte. Darüber war einer davon eines Tages mehr als froh, weil bei ihm gar viel Heu am Boden lag und gesammelt werden sollte, dies gerade an zwei Orten, beim Dorf und auf dem Maiensäss. Letzteres wollte unbedingt die Taglöhnerin besorgen, und zwar ganz allein. Und sie setzte es trotz des Widerspruches der anderen durch. Und es solle ja niemand zu ihr aufs Maiensäss kommen!

«Nun, wenn sie es unbedingt so haben will, soll sie es haben! Wir werden ja sehen, was dabei herauskommt!» war die abschliessende Meinung des doch mehr als verblüfften Bauern.

Natürlich kam ihm die Sache mehr als merkwürdig vor. Aber da die Arbeit drängte, gab er nach; wichtig war allein, dass das Heu unter Dach kam! Doch gewiss wundert sich niemand darüber, dass der Mann während des Werkens ständig an der eigenartigen Geschichte herumgrübelte. Und weil ihm das Verhalten der Frau immer merkwürdiger erschien, stieg er nach einer gewissen Zeit zum Maiensäss hinauf, wo er, hinter einer Tanne des nahen Waldes versteckt, sein Gut überblicken konnte. Tja, dort lag ja noch alles Heu am Boden! Und die Taglöhnerin ruhte sich gemütlich im Schatten hinter dem Heustall aus! Da fragte sich der Bauer aber doch: «Himmel-Kreuz-und-Donner! – jetzt wundert es mich wirklich, wie das Heu der recht grossen Wiese in den Stadel gelangen soll!» Denn unterdessen neigte sich die Sonne tatsächlich bereits ganz deutlich ihrem nächtlichen Ruheplätzchen zu.

Dann aber wurde der heimliche Beobachter plötzlich gewahr, was dort an Unglaublichem geschah. Er konnte sehen, wie die Frau sich endlich erhob, das Tor zum Heutenn aufmachte, sich davor stellte und mit den Armen in der Luft herumfuchtelnd seltsame Gesten vollführte, – und sogleich begann zuoberst am Hang das Heu sich zusammenzurugeln, raste in immer dicker werdenden Haufen die Wiese hinunter und strömte durch das offene Tor in den Heuschober hinein!

Nun hatte der Bauer genug gesehen. Und noch selbigen Tags verklagte er die Frau beim Dorfvorsteher und bezichtigte sie der Hexerei. Und verbrannt wurde sie, wie es sich gehörte!

C. Decurtins: Rätoroman. Chrestomathie

Die Bergjungfrauen auf dem Julier

Der Julier, auf dem einstmals heidnische Priesterinnen heiliger Gebräuche gewaltet haben sollen, war nach uraltem Glauben die bevorzugte Wohnstätte von Bergjungfrauen. Da hielten sie am ersten Sonntag des neuen Jahres ihren Reigentanz und umschwebten in ihren strahlenden Schneegewändern die fast himmelhohen Felsspitzen. Aber nur ganz selten gelang es einem menschlichen Auge, dieses wunderbare Schauspiel mitanzusehen.

Vor undenklichen Zeiten lebte in einem Seitental des Oberhalbsteins ein gar schlichter Mann mit seiner Frau, und das Paar musste sich recht kümmerlich durchs Leben schlagen. Ein solch fast freudloses Dasein verdross vor allem das junge Weib, das sich nach besseren Tagen sehnte.

Als sie eines Abends vor der Haustüre sass, trat ein Männchen in grünem Gewande unvermutet zu ihr her. Es schaute seltsam, fast bösartig drein, als es zu der Frau sagte: «Wenn Ihr mir das gebt, was ihr im Schosse tragt, sollt ihr von mir fürderhin jeden Tag einen Dukaten bekommen.» Ohne jegliches Bedenken erklärte sich das arme Weib einverstanden, denn es dachte nur an die Kohlen, die es in der Schürze hatte, um sie in die Küche zu tragen. Nach der Rückkehr ihres Mannes am Abend erzählte sie ihm sogleich von der seltsamen Begegnung, und beide lachten über den Fremden, sowohl über sein närrisches Begehren wie sein nicht minder unglaubwürdiges Versprechen.

Nach einigen Monaten gebar die Frau einen schönen, gesunden Knaben, dem ein Einsiedler und freundlicherweise sogar die Edelfrau der Burg Splidatsch Pate standen. Aber wie staunte man, als schon am Abend des gleichen Tages ganz unvermutet jenes Männchen in der Hütte erschien, einen Beutel voll Gold auf den Tisch legte und kurz und bündig sagte: binnen sieben Jahre werde es dann den Knaben holen! Und sogleich verschwand es wieder.

Je, wie erschraken da die jungen Eltern! Erst jetzt aber begriffen sie, was der Unheimliche damals gemeint und mit seiner Abmachung hatte erreichen wollen. Vom Tag an waren sie zu Tode betrübt und wussten sich nicht zu helfen. Einer plötzlichen guten Eingebung folgend, eilten sie zum Einsiedler. Und dieser hiess sie, nur guten Mutes zu sein. Sie sollten, riet er, den Knaben gut erziehen und ihn von seinem fünften Jahre an fleissig zu ihm in seine einsame Klause schicken. Dort lehrte er den Kleinen aus einem uralten, ganz vergilbten Buch, lesen und allerlei fromme Sprüche daraus hersagen.

Als der Bub sieben Jahre alt geworden war, befahl ihm der Waldbruder, sich an einem Wegkreuz hinzustellen, andächtig die gelernten Gebete aufzusagen und, was auch immer um ihn geschehe, weder nach rechts noch nach links zu blicken und sich durch gar nichts ablenken zu lassen.

Getreulich befolgte der Knabe die Anweisung. Doch ehe er es sich versah, rauschte ein mächtiger Adler hernieder, ergriff ihn mit seinen Fängen und trug ihn empor bis über die Gräte und Gipfel. Weil aber aufeinmal, aus ganz unerklärlichen Gründen, seine Kräfte doch versagten, musste er seine Beute fahren lassen. Dies geschah aber nur deshalb, weil der Knabe ununterbrochen die frommen Sprüche aus jenem heiligen Buch gebetet hatte. Darum fiel er sanft und ohne sich wehe zu tun auf den höchsten Kamm des Julierberges.

Hier aber hoben ihn drei Jungfrauen in schneeweissen Gewändern auf und trugen ihn hinein in ihren kristallenen Palast. Darin verbrachte er geraume Zeit und hatte ein gar schönes Leben bei Spiel und Freude mit den anmutigen Töchtern des Gebirges.

Als er dann zum Jüngling herangewachsen war, erfasste ihn eine tiefe Liebe zu der holden jüngsten der drei Schwestern, und sie willigte ein, sich mit ihm zu vermählen. Vor der Hochzeit, die ihn halt auf immer in den Berg verbannen würde, erbat er sich aber die Gunst, seine Eltern und das heimatliche Tal dort unten noch einmal wiedersehen zu können, hatte er doch seine Eltern gar nicht vergessen. Beim Abschied steckte ihm seine Braut einen kostbaren Ring an den Finger und vertraute ihm an, dass sie, sobald er den Stein nach dem Kamme des Juliers drehe, unverzüglich bei ihm sein werde.

Welche Freude nun daheim herrschte! Und bald besuchte der stattliche junge Mann auch seine Patin in der Burg. Diese fand sogleich Gefallen an dem schmucken, frischen Jüngling und wünschte sehr, ihm ihre jüngste und allerliebste Tochter zur Frau zu geben.

Unentschlossen und verwirrt, was er tun solle, wandte er ganz ungewollt den blitzenden Rubin seines Ringes dem Julier zu. Denn halb hing sein Herz an der dort auf ihn wartenden Braut, halb drängte es ihn, im Heimattal eine Familie zu gründen, – als völlig unerwartet die Bergjungfrau an seiner Seite stand. Doch nicht Güte und Freundlichkeit leuchtete aus ihren Augen, sondern ein unheimliches Funkeln lag darin.

Und trotzdem siegte nun ihre blendende Schönheit über seine starke Neigung zu der auch hübschen und würdigen Tochter seiner Patin. Und wie verzaubert folgte er der ihm bereits Anverlobten. Miteinander zogen sie talauswärts. In der Nacht aber, als sie in einer Herberge ein Nachtlager bezogen, streifte sie ihm heimlich und leise den Ring vom Finger und entflog. Denn Misstrauen in seine Treue hatte ihr Herz doch von ihm abgewandt.

Voll Verzweiflung stieg der Verlassene zum Julier empor, – doch dort war die kristallene Höhle verschwunden. Todunglücklich wanderte er ruhelos auf der Suche nach der schönen Fee von Berg zu Berg, fand sie aber nie mehr!

Dietrich Jecklin: Volkstümliches aus Graubünden

Der Martinsgrat

Wer wüsste noch, warum jener Grat, der sich zwischen der Alp Tigiel und den Bergwiesen am Piz Mitgel dahinzieht, den Namen «Tgant son Martegn», «Martinsgrat» erhalten hat?

Es war in jenen Zeiten, als die Menschen hier in unserem Tale gerade erst Christen geworden waren. Da kniete eines Tages in Savognin der heilige Martin betend genau an jener Stelle, wo später die ihm geweihte Kirche stehen sollte. Als Heiliger wusste er dies ja schon lange vorher, klar. Deshalb hatte er auch dieses wunderschöne Plätzchen bereits in sein Herz geschlossen, und gerne suchte er es auf, um hier zu meditieren und für jene zu beten, die sich später unter seinen besonderen Schutz zu stellen beabsichtigten. Mit fast seligem Blick betrachtete er deshalb die um ihn sich ausbreitenden blumenübersäten Wiesen und die zu seinen Füssen liegenden wenigen Häuser. Mit Vorliebe aber die Plätze, wo einmal die beiden Kirchen St. Mitgel und Nossadonna stehen würden. Ein herrliches Stück Land!

Ganz verständlich, dass jemand ihm diese Freude missgönnte: der Teufel. Und dieser sann krampfhaft auf Mittel, um irgendwie diese Schönheit der Natur zu verderben. Wohl hatte bisher niemand etwas feststellen können, was etwa diese Pracht und dabei auch den Frieden des Tales hätte zu stören vermocht. Aber der Heilige, dem halt doch auch die Gabe der Vorausschau verliehen war, ahnte, dass man auf der Hut sein müsse.

Dies sollte ziemlich bald eintreffen. Eines Tages wurde der Selige mitten in der Betrachtung von einer gewissen Unruhe erfasst. «Eine Ablenkung ist das, nichts anderes!» sagte er zu sich selbst. «Nein, solches darf es nie mehr geben bei einem Seligen des Himmels!»

Doch, obwohl er sich noch so stark zusammenriss, – die Unruhe schien ständig zu wachsen, und zudem dünkte ihn, vom Tinzerhorn her wehe ihn ein eigenartiger Duft an, etwas wie ein Gemisch von Harz und Schwefel. Da war etwas eindeutig nicht so, wie es sein sollte!

Seine Augen gegen die Alp Tigiel drüben schweifen lassend, fiel ihm sogleich etwas auf, das mit dieser friedvollen Umgebung nicht in Einklang zu bringen war. Soeben hatte auch dort eine prächtige Sonne die Matten und Berge beschienen, und nun schienen sie von einer unruhigen, gelbgrünen Farbe eingehüllt. Ja, und dazu kam etwas noch weit Schlimmeres: der ganze so schön grüne Hang, welcher sich zum Grat zwischen Tigiel und dem Piz Mitgel ausdehnte, war tatsächlich in Bewegung! Doch merkwürdig, – der Rutsch glitt weder in Richtung Castelas und Pensa hinunter, noch zeigte er irgendeinen Riss! Nein, kompakt und mit unheimlicher Ruhe schlidderte er auf Tussagn zu, und hinter dem immer weiter abgleitenden Rutsch zeigten sich bereits die darunter gelegenen Felsrippen, die den sich verzweifelt in die Höhe reckenden Armen eines Ertrinkenden nicht unähnlich schienen.

Und ganz deutlich war zu erkennen: ein langer Hals, aber nicht den Kopf eines Drachen tragend, sondern jenen eines riesigen Menschen, darauf eine Krone, von geradezu höllischer Ausstrahlung leuchtend! Da wusste der hl. Martin sogleich, wer das war: der Teufel! Dieser hatte den ganzen Hang in den Körper eines Drachen verwandelt, und derselbe rutschte mit böser Absicht zu Tal. Hatte der Bösewicht bemerkt, dass der Heilige ihn beobachtete? Denn plötzlich wendete er den Kopf nach rechts, Spinatscha zu. Doch der hl. Martin wusste nur zu gut, wie der Gehörnte zu Finten und Täuschungen zu greifen imstande war, hatte er in seinem irdischen Leben doch manchen Strauss mit ihm auszufechten gehabt.

«Warte du nur ein Weilchen, dann kommt deine wahre Absicht schon ans Licht!» sagte er zu sich selber. Und so war es auch. Unterdessen hatte das Ungetüm seinen Kopf dem Tal zugewendet, während sein Buckel immer mehr anschwoll.

«Haa, deine Absicht wird immer deutlicher! Zuerst willst du Nassegl mit seinem kleinen, klarblauen Seelein verschlucken! Begreiflich, denn dieses unschuldige Auge, das gegen Himmel strahlt, sticht wie ein Dorn deine rabenschwarze Seele! Und dann zerstörst du sogleich Tussagn, um von diesem Grat aus den Sprung ins Tal zu nehmen und dich auf jenes Gelände zu stürzen, wo der Schutzengel Michael seine Kirche hinsetzen möchte! Dass du dies für alle Zeiten verhindern möchtest, ist mir ganz klar. Doch warte nur, du gemeiner Gauner!»

Der Heilige ergriff sein immer noch an der Seite getragenes Schwert, mit dem er seinerzeit ja für jenen Bettler den Mantel entzwei geschnitten hatte, sass mit einem geübten Satz schon im Sattel auf dem Rücken seines Pferdes, das wie immer geduldig graste, und raste durch die Luft auf den Drachen zu. Dieser, überrascht, aber doch die Absicht des Feindes erkennend, begann wutentbrannt Feuer zu speien, doch konnte dieses weder dem Heiligen noch seinem Ross etwas anhaben. Einen wuchtigen Hieb versetzte Martin auf den langen Hals der Bestie, jedoch nur mit der unscharfen Kante des Schwertes, denn sonst hätte es dem Drachen den Kopf abgetrennt, sodass sein Blut weitherum gespritzt wäre und ringsum alles vergiftet hätte! Doch war der Schlag trotzdem dermassen kräftig, sodass der Hals geknickt und der Kopfteil gegen den Erdboden sank, dadurch die Gurgel abschnürend. Trotz seiner rasenden Wut vermochte der Gehörnte nicht mehr als einen schwachen Gischt seines Giftes zu spritzen. Dies genügte aber trotzdem, um alle Felsen, vom Piz Mitgel bis zum Crap la Massa, zu besudeln. Deshalb sind diese Felsmassen heute noch dermassen ohne festen Zusammenhalt in ihrem Grund, sodass immer wieder lockeres Gestein hinunterkollert.

Also schien der scheussliche Drache erledigt. O nein, die erwachte Rachelust des Teufels liess dies nicht zu. Unter Aufbietung aller Kräfte schleuderte er den Riesenschwanz hin und her, hoffend, dadurch doch noch das Werk der Zerstörung vollenden zu können. Doch dem kam der mächtige Heilige zuvor. Mit wuch-

tigen Schlägen, – aber stets nur mit der flachen Klinge, damit ja kein vergiftetes Blut herumspritzen könne! – zerschmetterte das Schwert das Rückgrat des Ungeheuers, sodass dessen Körper in seiner ganzen riesigen Länge in den Boden gedrückt wurde. Vollends erledigt war das Ungetüm!

Und dem Teufel blieb endlich nichts anderes übrig, als daraus zu entweichen. Das tat er auch, und unter einem ohrenbetäubenden Geheul floh er die Felswände des Corn da Tinizong entlang, um in Richtung des Piz Èla zu entwischen. Doch Pech! Da hatten sich unterdessen jene heute Òrgels genannten Zacken herausgebildet, und diese begannen feierlich das Lob Gottes zu spielen, was aber kein Teufel zu ertragen vermag. Obwohl fast keine Rettung sehend, weil talseits St. Martin mit gezücktem Schwert den Fluchtweg versperrte, konnte sich der Teufel doch gerade noch mit knappster aller Nöte durch einen Spalt in den Felsen hindurchzwängen und so seine Haut retten.

Nun erst konnte der Heilige recht erkennen, was dieser Höllengeist angerichtet hatte. Wo noch kurz vorher bis zum Grat hinauf schönste Weide gewachsen war, lagen des Drachen scheusslicher Körper und Schwanz die ganze Länge des Berggrates entlang. Welche Verunstaltung des Bergzuges! Sollte das ewig so bleiben? Nein, das durfte es nicht! Seine geheiligten Hände gegen den Grat hin ausstreckend, erflehte St. Martin die Gnade des Allerhöchsten. Und siehe, – augenblicklich wurde der ungestalte tote Drachenkörper von einem neuen, frischen Rasen überzogen, so, wie wir ihn heute noch sehen. Nur der Kopf und die Krallen waren zu steil und zu sehr von teuflischem Geist verseucht, sodass sie auf ewig als kahler, nackter Fels zu sehen sind.

Wen erstaunt es, dass der andere Schutzheilige der Menschen, der hl. Michael, der vom Himmel aus alles hatte verfolgen können, sogleich beim Herrn der Schöpfung die Bitte vorbrachte, zu Ehren seines Freundes Martin den Grat dort oben für ewige Zeiten «Tgant son Martegn» nennen zu dürfen?

Nach P. Hildebrand Pfiffner im Igl Noss Sulom 1956, leicht gekürzt

Die verdorbene Heuernte

Zur besten Sommerzeit befanden sich wie üblich die meisten Bauern von Sur beim Heuet auf Alp Flix, diese in Tgeps, jene auf Clavo soura, also bei den oberen Stadeln. Herrschte doch das prächtigste aller Wetter, und es sah ganz so aus, als würde dies mindestens die Woche hindurch so bleiben.

Unvermutet und zur allgemeinen Überraschung erblickten die dank der sicher scheinenden Wetterlage recht gemütlich das Heu sammelnden Leute, wie zwei richtig vornehme und verflixt hübsche Damen von irgenwoher die Bergwiesen herunterspazierten. Ob mit Absicht oder zufällig, die beiden schwenkten hinüber zu jener Wiese, wo ein gar hübscher und kraftstrotzender Bursche mit seinen Eltern werkte. Und mit süssem Lächeln sprach ihn eine der Jungfern an: «He, sollen wir dir helfen, die vollen Blachen zu binden?»

Der Angesprochene schaute sie nur etwas schräge an und meinte dann mit leicht spöttischer Miene: «Phah, danke! Wir haben Zeit mehr als genug bis zum Abend und bei diesem beständigen Wetter! Und was werden solch vornehme Dämchen schon vom Heuen und Blachenbinden verstehen?»

Beides sollten aber gar nicht geschickt angebrachte Bemerkungen gewesen sein! Denn kaum hatten sich die Jungfern sichtlich verschnupft entfernt und waren hinter dem nächsten Hügel verschwunden, begann sich der Himmel zu verfinstern, und gewiss innert einer Viertelstunde ging ein prasselnder Regen über die Bergwiesen hin, und es hagelte gar vogeleierdicke Eiskörner. Alles musste Hals über Kopf flüchten, Schutz suchend, die einen in den nächsten Heubargen, andere unter einem dachähnlich vorragenden Felskopf.

Eines aber bekamen alle grausam zu spüren: das nicht eingesammelte und im Regen liegen gebliebene Heu war völlig verdorben, jenes des spöttelnden Burschen sogar gänzlich zu Spreu zerfetzt!

C. Decurtins: Rätorom. Chrestomathie

Die unseligen Dublonen

In Stalveder, jenem Häuflein Häuser in der lieblichen Talsenke bevor man nach Bivio hinaufgelangt, lebte in jenen schlimmen Kriegstagen des Einbruches der französischen Horden einer, den man allgemein Tona da Stalveder nannte. Als es dazu kam, dass die Franzosen bereits Bivio und die beiden Pässe Julier und Septimer in ihrem Griff wähnten, es aber den vom Engadin her heftig angreifenden Österreichern gelang, sie den Pass hinunter und sogar von Bivio hinaus talabwärts zu treiben, tobte gerade um die Häuser von Stalveder ein gar heftiger Kampf. Dabei erwischte genau vor dem Haus dieses Tona eine

feindliche Kugel den französischen Hauptmann. Und er lag immer noch dort, als sich das Gefecht bereits weit talauswärts verzogen hatte.

Dies gab diesem Tona die Gelegenheit, sich aus dem schützenden Keller wieder ins Freie hinauszuwagen. Und sogleich fand er den da Liegenden, den er zu untersuchen begann. Zu seiner freudigen Überraschung entdeckte er, dass derselbe in seinem um den Leib geschnallten Gurt einen Haufen Doppeldublonen [27], also lauter Goldstücke, geborgen hatte. Natürlich raffte der von Stalveder sie gierig zusammen und versteckte sie zuunterst im Keller. Den schon weit gegen Marmorera hinaus verlagerten Kampf nutzend, schlich Tona dann nochmals hinaus und nahm dem Toten auch seinen kostbaren Gurt aus Hirschleder weg.

Im Hause drinnen lachte er sich ins Fäustchen ob der Freude, dank dem unerfreulichen Kriegsgetümmel mit einem Schlag einen guten Fang gemacht zu haben und unverhofft reich geworden zu sein.

Doch leider sollte ihm der recht unehrlich, ja, auf schmähliche Weise erworbene Reichtum alles andere als gut bekommen. Tona ergab sich immer mehr einem bequemen Leben, vertrank und verspielte eine Golddublone nach der anderen. An ihm bewahrheitete sich augenfällig das schwerwiegende Wort, das da sagt:

«Unrecht Gut tut nicht gut!»

oder jenes andere nicht minder ernsthafte:

«Ein unehrlich erworbener Blutzger [27] frisst zehn andere auf!»

Rudolf Lanz: Il Biviano

Die Räuber am Crap Ses

O ja, es scheint wirklich wahr zu sein, dass einst auch in unserem ehrbaren Tal Räuber ihr Unwesen trieben. Und als diese Plagegeister endlich ausgerottet oder sonst verduftet waren, blieb ihr damaliges Versteck buchstäblich jahrhundertelang, ja, bis fast in unsere Zeit, völlig unentdeckt, bis, – ja, bis – Und davon sei hier berichtet.

Dass es solche Räuber gab, steht unumstösslich fest. Sicheres Zeugnis dafür gibt jene Gedenktafel an der Mauer im Kirchlein von Del. Sie trägt den Namen des Landvogts Casper Frisch [28] und die Jahreszahl 1638, als er auf der Burg Riom hauste und im Namen seines Herrn, des Bischofs, das Tal verwaltete. Und die Geschichte weiss zu berichten, dass er einmal erst abends spät von Tiefencastel herauf heimzu ritt, obschon es ihm abgeraten worden war. Er sollte es bereuen, den guten Rat in den Wind geschlagen zu haben.

An einer engen Stelle beim Crap Ses sah er plötzlich den Weg durch umgehauene Bäume verbarrikadiert. Sein Ross stutzte, witterte Gefahr und blies pfeifend durch die Nüstern. Bless, der Hund knurrte und sträubte angriffslustig die Haare. Im selben Augenblick sah Frisch drei dunkle Gestalten hinter den buschigen Tannen hervorschleichen. Ihre gezückten Dolche blitzten im fahlen Licht des Mondes.

Jetzt wusste Frisch gut genug, in welcher höchst gefährlichen Lage er sich da befand, besonders als sich ihrer zwei schon anschickten, seinen Rückweg abzuschneiden. «Da hilft nur Gottes Beistand!» murmelte er lautlos nur zu sich selber. Und einer inneren Eingebung folgend gelobte er, falls er mit dem Leben davonkomme, der am nächsten gelegenen Kirche eine Summe im Wert seines Pferdes vermachen zu wollen.

Bereits aus der Erfahrung als Kriegsmann und Führer des Oberhalbsteiner Fähnleins gewöhnt, selbst in der grössten Gefahr einen Ausweg zu suchen, überblickte er raschestens die Lage, gab seinem braven Schimmel die Sporen, dieser setzte unverzüglich zu einem gewaltigen Sprung über die den Weg versperrenden Bäume an, während sein treuer Bless sich seinerseits auf die Banditen stürzte und sie kläffend und beissend in Schach hielt.

In gestrecktem Galopp, weil sich erst jetzt der Bedrohung richtig bewusst werdend, trieb Frisch sein Ross mit ungewohnter Unbarmherzigkeit unter Gebrauch von Sporen und Peitsche die ebene Landstrasse hinein, vorbei am Galgen des Tales, durch Burvagn und Cunter geradezu fliegend, dort zur Holzbrücke hinunter, bei der alten Säge die Windungen des Hügelwegleins zur Burg hinaufkeuchend und in deren schützenden Vorhof hinein.

Die Sage will jedoch sogar wissen, zu allem anderen Unglück sei das Tor dieses Vorhofes verschlossen gewesen, aber das tapfere Tier habe es unter Aufbietung seiner letzten Kräfte eingerannt. Dies, und der vorherige wahre Teufelsritt waren aber zu viel für das arme Ross. Kaum war der Reiter vom Sattel gesprungen, klappte es völlig erschöpft zusammen und starb.

Landvogt Frisch verriegelte die Türe, eilte die Treppe zum Obergeschoss hinauf, dort ans Fenster, – und wahrhaft, die Wegelagerer hatten ihn also bis hierher verfolgt, offenbar die ihnen bekannten Abkürzungen benützend. Jetzt erfrischten sie sich am Brunnen im Hof. Somit wäre der Landvogt ihnen um ein Haar zum zweiten Mal in die Hände gefallen!

Ja, ja, und erst Jahrhunderte später sollte man die damalige Höhle dieser Schufte und Wegelagerer entdecken! Dies, als ein Tona Wasescha von Savognin als Wegmacher die Strecke von Crap Ses bis zur Cresta bei Tinizong zu betreuen hatte. Er war bekannt als sehr gewissenhafter Arbeiter, der «seine» Strasse peinlich sauber zu halten bestrebt war. Die meiste Arbeit verursachten aber scheinbar die so zahlreichen Pferde, welche die Karren, Wagen und Kutschen talauf- oder abwärts zogen, oder die Viehherden, die auf demselben Weg auf den Markt in Tiefencastel getrieben wurden und es somit galt, möglichst rasch Rossbollen und Kuhfladen zu entfernen. Doch warf er diese nicht etwa einfach ins Tobel hinunter, o nein!

Jeweils in gewissen Abständen hatte der «stradign», dieser Wegmacher, am Strassenrand Vertiefungen ausgebuddelt, wo er den wertvollen Dünger aufhäufte, der später von einem seiner Söhne mit der von ihrem Rösslein gezogenen «benna» abgeholt und daheim aufs eigene Wieslein verstreut wurde.

Schon zu dieser Zeit führte ein Wegstück durch einen Tunnel, mit dem man den eigentlichen Stein durchbohrt hatte, doch nach wie vor verlief noch der uralte Fusspfad über den Felsklotz hinweg, war aber fast ganz zugewachsen.

Als nun Tona eines Tages genau zur Zeit der Mittagsrast beim Crap Ses Schaufel und Pickel für eine Weile ruhen liess, reizte es ihn, sich einmal jenen kaum mehr sichtbaren Pfad hinaufzubemühen, um vom Kopf des Felsens aus die Aussicht zu geniessen. Zu seiner nicht geringen Überraschung entdeckte er etwas weiter oben, von Gestrüpp halb zugedeckt, den Eingang einer Art Höhle. Und was fand er zu seinem kaum geringeren Erstaunen darin, als er sie näher untersuchte? – noch leidlich erhaltene Bodenbretter und in der Mitte sogar die Reste einer Feuerstelle! Haa, das konnte nur die Behausung jener damaligen Räuber sein! Das war ja der einwandfreie Beweis dafür, dies stand nun doch ebenso einwandfrei fest!

A. Grisch: En curt viada tras Surses, und
Alois Janutin: Die Höhle der Räuber von Ses, in:
Pagina da Surmeir, Mai 1976

Die unsichtbare Hexe

Der verdienten und gerechten Strafe entging schliesslich auch jene «missuia» nicht, obschon sie eine wunderbare Hexenkraft besass: sie konnte sich unsichtbar machen. Schon etliche Male, als sie vor die Richter gebracht worden war, entwischte sie ihnen dadurch, dass sie plötzlich einfach nirgends war.

Was freilich gar nicht stimmte. Denn sie war in der Tat durchaus noch anwesend, doch eben für die anderen unsichtbar. Wären jene aber scharfsinniger gewesen, hätten sie bemerkt, dass dort hinten in jener Ecke nun ein Besenstiel stand, der vorher gar nicht dort gewesen war. Das Hexenvieh selber aber stand unsichtbar hinter dem Ofen oder hockte sogar oben auf der Kante des hohen Schrankes, – und lachte heimlich voll Schadenfreude in sich hinein. Was wollten die versammelten Herren des Gerichtes anderes tun, als gute Miene zum bösen Spiel, ihre Akten zusammenpacken und heimgehen?

Ja, das war wirklich eine ganz eklige Sache. Und trotz heftiger Beratung fanden die gescheiten Richter keinen Ausweg. Besonders dem Landvogt Tieni von Tiefencastel, der dem auch für das obere Tal zuständigen Gericht vorzustehen hatte, war das wiederholte sie beschämende Spiel schon längst zu bunt geworden, und er marterte sich schier das Hirn aus, um des verwünschten Biestes doch habhaft zu werden. Lagen doch so viele klare Beweise auf dem Tisch für eine ganze Menge Schandtaten, welche zu Lasten dieser Hexe Onna aus Cunter gehen mussten, und niemand anderem.

Hatte sich doch z.B. ein Mann aus Marmorera beklagt, dass, als er mit ihr unterwegs gewesen und wegen einer Lappalie in Streit geraten sei, sie gedroht habe, er müsse die Folgen tragen für seine bösen Worte. Und kurz darauf sei sein bester Ochse krank geworden!

Oder was ein Bauer von Rieven, dem unteren Dorfteil von Rona, beobachtet hatte: wie diese Onna einem weidenden Ross über den Rücken gestreichelt habe, – und keine Woche später sei das Tier plötzlich genau an dieser Stelle wund geworden, sei dann dahingeserbelt und eingegangen.

Ja, und eine sicher glaubwürdige Frau von Mulegns habe deutlich gesehen gehabt, wie die von ihr schon lange des Hexenwerks verdächtigte Onna, einen schweren Sack mit soeben in ihrem Äckerlein geernteten Kartoffeln habe aufheben und heimtragen wollen, dazu aber trotz mehrerer Versuche nicht imstande gewesen sei. Da habe sie gottsjämmerlich zu fluchen angefangen und ausgerufen: «O Teufel, Teufel, komm und hilf, und trage du mir die Bürde heim!»

Ja, ja, solches und noch vieles mehr konnten einwandfreie Zeugen belegen.

Und so galt es nur noch, dieses sie klar mit Hilfe des Leibhaftigen zu Narren machende Hexenweib auch unter die Finger zu bekommen. Ohoo, und gerade, als dem Landvogt und Oberrichter Tieni das Stichwort «Finger» auf die Zunge geriet, fiel ihm der rettende Gedanke ein!

«Haa,» sagte er zu sich. «Ich hab's! – Warte du nur, du vermaledeites Scheusal! Jetzt erwische ich dich doch!»

Und wieder liess er durch den Weibel diese Onna von Cunter vor die Schranken laden. Das raffinierte Weib lachte sich nur ins Fäustchen und freute sich schon mordsmässig über den neuen Streich, den sie spielen wollte: sich dem Schreiber des Gerichts auf die Knie setzen und seine Hosen nässen! Doch sollte sie diesmal die Rechnung ohne den Wirt, das heisst, ohne den noch schlaueren Landvogt gemacht haben!

Als sie da vor den Schranken stand, liess sie jener zu sich herankommen, unter dem Vorwand, wegen einem Ohrenleiden höre er heute schlecht. Seinem Plan folgend, packte er völlig überraschend die Angeklagte mit beiden Fäusten, indem er schrie:

«In Gottes, des Allmächtigen Namen packe ich dich für das, was du bist!»

Und die Kreatur musste dableiben, von seinen Fäusten gebändigt, als das, was sie wirklich war: eine Hexe. Vor Wut schnaubend schrie sie die anderen an: «Haa, wäre dieser verfluchte Hagere von Tiefencastel nicht gewesen, hättet ihr mich niemals erwischt!»

Ja, denn nun musste sie auspacken und gestehen, was sie alles zum Schaden vieler Leute verbrochen hatte. So erfuhr man auch, dass sie sich jeweils von den Suraver Maiensässen bis ins obere Oberhalbstein hinüberzauberte, weil dort ihresgleichen die nächtlichen Stelldichein mit dem Herrn der Hölle abhielten. Nach den wilden Tänzen mit dessen Knechten und Kumpanen sei ein prächtiges Gelage gehalten worden, unter anderem mit am Ort selbstgebackenen Pfaffenbohnen, wovon alle Anwesenden ihren Teil erhielten.

Oho, das war noch gar nichts, was man zu hören bekam! Selbst eine Handvoll nur, was sie unter dem Druck der Folter zu bekennen gezwungen war, hätte vollauf genügt, um sie am Galgen von Vaznoz aufzuhängen, was dann auch geschah, dies überhaupt gnädigerweise, statt dass man sie auf dem Scheiterhaufen verbrannte.

C. Decurtins: Rätoroman. Chrestomathie,
unter Verwendung gleicher Quelle:
«Von dem, was Hexen bekannt haben».

Ahasver ging durch das Tal

Ja, er sei einmal tatsächlich auch durch unser Tal gegangen, er, den man überall auf der Welt «den ewigen Juden» nannte. Und in einer Gaststätte von Savognin habe er einen einfachen Imbiss bestellt. Fiel dem Wirt einerseits allsogleich sein mehr als merkwürdiges Äussere auf – nämlich, dass er mehr als uralt sein müsse – so noch viel mehr das höchst sonderbare Verhalten bei der Mahlzeit. Während er vom Brot in der einen und von der Wurst in der anderen Hand ein Stück abbiss, dazwischen wieder stehend aus dem auf dem Tisch stehenden Zinnkrug einen Schluck nehmend, sei er unentwegt und ruhelos hin und her gewandert, bald um den Tisch herum, dann zur Wand und wieder zurück. Ja, selbst beim Bezahlen habe er nicht stille gehalten, sei ständig in Bewegung gewesen, während er die Börse hielt und das Geld herauszählte.

Mehr als nur ein Kopfschütteln befiel aber die Wirtin, als der eigenartige Gast nach einem Zimmer für die Nacht fragte, da diese unterdessen schon dämmerte, jener dies aber mit den Worten tat:

«Ich brauche gar kein Bett, nur einen Tisch in der Mitte und darauf eine Kerze!»

Natürlich konnte sich deshalb der Herr des Hauses nicht enthalten, später leise an die Türe zu schleichen und durchs Schlüsselloch zu gucken. Und tatsächlich konnte er feststellen, dass der Mann wieder pausenlos und völlig angekleidet um den Tisch herumwanderte.

Am Morgen konnte der Wirt aber seine Neugier nicht mehr unterdrücken und erdreistete sich, den Ruhelosen zu fragen, woher er denn komme. Ob der Antwort sei der Fragende aber um keinen Deut klüger geworden:

«Ich komme vom Sonnenaufgang und gehe bis Sonnenuntergang.»

Noch kühner werdend, habe der Wirt immerhin den Gedanken aufgenommen und ganz direkt die Frage zu stellen gewagt, wer er denn sei, und wieso er gar nie abgesessen sei?

Obschon der merkwürdige Gast auch jetzt, trotz der Aufforderung, nicht Platz genommen hatte, sei jetzt etwas wie ein leichtes

Aufleuchten über sein Gesicht gegangen, und er schien ganz bereitwillig Auskunft geben zu wollen:

«Das will ich Ihnen schon verraten, weil Sie sich so freundlicherweise nach meinem Schicksal erkundigen. Dieses ist allerdings ein recht merkwürdiges und eine gar traurige Geschichte: Ich war Schuster in Jerusalem, und meine Werkstätte ging auf die offene Strasse hinaus. Als sie damals den Christus zur Richtstätte hinausführten, kamen sie bei mir vorbei. Und nun wollte der sichtbar erschöpfte Mann das schwere Kreuz, das man ihm aufgebürdet hatte, an meine Werkstatt anlehnen und etwas ausruhen, worauf ich unwillig sagte – da ich keine Unannehmlichkeiten mit den römischen Soldaten wagen wollte:

«Nein, geh weg! Ich gestatte es nicht!»

Worauf der Mann sein blutverschmiertes Gesicht mir zuwandte und mit sichtlich matter Stimme erwiderte:

«Auch du sollst auf ewig keine Ruhe finden!»

Damit verhängte er eine furchtbare Strafe über mich; denn seither muss ich immer und ruhelos wandern, Tag und Nacht, über die ganze Welt ohne je auch nur einen Augenblick ruhen zu dürfen. Und nun bin ich hier, und das ist schon das zweite Mal. Das erste Mal hiess der Ort aber noch anders als heute und bestand nur aus einigen wenigen Hütten. Und wenn ich das dritte Mal hierher gelange, wird die Ortschaft vielleicht gar nicht mehr bestehen!»

Dadurch hatte also der merkwürdige Geselle in verschleierter Weise verraten, wie buchstäblich steinalt er sein müsse. Dem zuhörenden Wirt blieben aus verständlichen Gründen die Worte im Halse stecken, weil er immerhin sogleich sich vergegenwärtigen konnte: dann müsse dies ja schon vor mehr als tausend Jahren geschehen sein! Und zudem ging ihm ebenso rasch eine Erkenntnis auf: Tja, wurde nicht schon von den Alten die Geschichte erzählt von einem ewigen Juden, der dazu verdammt worden sei, keine Ruhe finden zu können?

Nun, nachdem er ganz offensichtlich selber diesem armen ewig Wandernden begegnet war, konnte er nicht anders, als ihm sein Mitleid dadurch zu bekunden, indem er ihm beim Abschied eine gar nicht karg bemessene Wegzehrung in die armselige, ebenso uralte Ledertasche steckte.

Arnold Büchli: Bündnersagen; Felici Maissen: Ahasver

Die Schlechtwetterwiese

So hiess tatsächlich, fast bis in unsere Zeit hinein, jene flache Ebene, die heute eher als Pro Barnagn bekannt ist, ein Stück weit nordwärts von Savognin. Dort, eben in Barnagn, hatte einst ein Bauer auf seiner so grasreichen Wiese einen stattlichen neuen und bequemen Stall erstellt. Mit berechtigtem Stolz hätte der Besitzer bei jedem Heuet sich dieses prächtigen Grundstückes und Gebäudes erfreuen können, wenn nicht – .

Eben, wenn nicht die vielen bitteren Wermutstropfen anderer Sorgen ihm diese Freude vergällt hätten! Er musste sich nämlich mit einer ganzen Reihe von Prozessen herumschlagen um vor dem Richter zu versuchen, sein vermeintliches gutes Recht zu verteidigen. «Prozessieren und bauen, nein, das vermehrt nie den Besitz!» sollen aber schon die Altvordern mit einem weisen Wort ihre durch Erfahrung erworbene Weisheit weitergereicht haben.

Und dies schien sich auch an dem geplagten Bauern zu bewahrheiten. Denn gerade der letzte soeben durchgefochtene Rechtsstreit hatte den Rest seines Besitzes völlig aufgebraucht, – der Mann stand sozusagen mit leeren Taschen auf der Strasse. Die letzten ihm verbliebenen Werte – die bisher nicht hergegebene Wiese und den Stall bei Barnagn – würden gerade noch knapp reichen, um die hohen Kosten des unglücklich ausgegangenen Prozesses zu decken. Daher nahm das Schicksal unerbittlich seinen Lauf. Durch ihren Weibel liess ihm die Behörde ankündigen, in acht Tagen werde die Versteigerung von Stall und Wiese vorgenommen, falls er nicht vorher imstande sei, die noch fällige Summe zu hinterlegen.

Dies war er nicht, hatte er doch offenbar bei allen sonst wohlwollenden Bekannten einiges an Vertrauen eingebüsst, und keiner wollte ihm beistehen. Und so wurde der schöne, neue Stall samt der nicht minder schönen Wiese verkauft, um damit die Kosten des letzten verlorenen Prozesses zu decken.

Diesen Verlust aber konnte der Bauer von Barnagn nicht verschmerzen. Ihn beherrschte allzusehr das Gefühl, Unrecht erlitten zu haben. Und dieses Gefühl wurde derart übermächtig, dass er sich sogar versündigte, die Mächte der Hölle zu Hilfe zu rufen um seine Verwünschung in die Tat umzusetzen: es möge von nun an niemand, gar niemand mehr die Ernte dieser seiner Wiese in die Scheune einfahren können, ohne Ärger zu erleben!

Und so kam es auch, dass – und herrschte noch so prächtiges Wetter, – sobald man das Heu einzusammeln begann, ging ein gewaltiges Gewitter ausgerechnet über die Gegend von Savognin nieder und verdarb die Ernte vollkommen. Und auch wuchs dort nie mehr so schönes Gras wie früher!

Andreia Steier: Igl Pro dalla malora, Schullesebuch I.

Der Geist verschüttete alle Milch!

Es sei, wie die Erzähler ganz sicher zu wissen behaupten, auf jenem Maiensäss von Savognin, genannt Run*a*t geschehen. Und dies in jenen schönen Herbsttagen, als die Alpen entladen waren und die meisten Bauern des Dorfes allesamt ihr Vieh auf den noch genügend Nahrung bietenden Maiensäss-Weiden und Wiesen grasen liessen, damit ihre Tiere die wärmende Herbstsonne zu geniessen vermöchten. Morgens und abends stieg jemand der Familie hinauf, um zu melken und den Kühen die vollen Euter zu erleichtern. Doch im Gegensatz zu dem nur im Frühling üblichen uralten Brauch, verarbeiteten die Bauern jetzt nicht dort oben die Milch zu Butter und Käse in der jedem Stall angebauten Käsehütte. Die noch anfallende Milch für den täglichen Gebrauch brachte man jeweils nach Hause, und zwar meist in einer «br*e*nta», einer hölzernen Tanse am Rücken tragend.

Nun war es einmal schon fast am Einnachten, als sich die Bäuerin Mari*o*nna erst auf den Heimweg machen konnte. Gerade deshalb hatte sie gar nichts einzuwenden, dass sich, wohl zufällig, ein ebenfalls verspäteter Maiensässler, Sep hiess er, ihr zugesellte, um sie zu begleiten, da der Weg immerhin ein Stück weit durch einen recht düsteren Wald führte.

Dass der sich ihr anerbietende Schutzengel dabei aber ein merkwürdiges Lächeln nicht unterdrücken konnte, als sie ihm ihre gewisse Angst gestand, fiel der jungen Frau weiter nicht auf. Und so schritten sie plaudernd dahin, wenngleich eher gemächlich, um die Tanse auf dem Rücken möglichst wenig zu schütteln, damit die gute Milch nicht etwa schon zu Butter werde.

Und es stimmte tatsächlich, dass das finstere Waldstück jemandem, der etwas ängstlich veranlagt war, kaum eitel Freude bereitete. Erzählte man sich doch allerhand über Vorfälle, die in diesem oder einem anderen Wald vorgekommen seien. Und dies sollte sich auch hier wiederholen.

Unter harmlosem Geplauder erreichten sie soeben den gefürchteten Waldabschnitt, wobei die Begleiterin gerade daran war, sich recht ergiebig über ihre Nachbarin auszulassen, welche scheinbar gleich einer wahren Hexe allen Männern den Kopf zu verdrehen vermöge, – als sie plötzlich unter einem Schreckensschrei anhielt, heftig nach dem Arm ihres Begleiters fassend. Denn beide hörten im nahen Gebüsch ein zuerst leises, dann immer mehr anschwellendes Raunen, eher noch: ein Gegrunze, ab und zu in etwas wie ein kurzes Gebell übergehend. Und nicht nur vernahmen sie etwas, sondern erblickten es auch: dort, in jenem Gebüsch krabbelte deutlich und unheimlich etwas Helles herum!

Sep, der sonst doch ein mutiger Mann zu sein schien, jagte jetzt der armen Marionna einen noch viel heftigeren Schrecken ein durch seinen Aufschrei: «Um Gottes willen! ein Geist! – ein Geist!» Und dadurch, dass er Hals über Kopf auf und davonstürmte, dabei merkwürdigerweise den Weg verlassend und den steil hinunterfallenden Pfad einschlagend. Sie, nach einem kurzen Herzstillstand und trotz schier gelähmter Beine, ihm nun in ebenfalls verzweifelten Sprüngen talabwärts nach. Natürlich jetzt gar nicht darauf achtend, dass sie dabei fast restlos alle Milch verschüttete. Item, irgendwie langte sie doch daheim an, wenn auch vom Lauf sichtlich völlig ausgepumpt, sodass sie kaum die wenigen Stufen zur Haustüre hinauf zu bewältigen vermochte.

Ja, und der Held von einem Sep? Schämte er sich nicht, seine Begleiterin derart schmählich im Stich gelassen zu haben, gerade bei der grössten Gefahr? O nein, der Lumpazi habe sich riesig gefreut, dass der von seinen Maiensässkameraden und ihm ausgeheckte Plan so prächtig geraten war: dieser etwas geschwätzigen Marionna einmal einen gehörigen Schrecken einzujagen, wohl wissend, dass sie leicht zu Aberglauben neige.

Um dies ins Werk zu setzen, hatten die Galgenstricke abgemacht, dass sich einer im Gebüsch verstecke, mit einem hellen Hemde bekleidet, damit man ihn trotz der etwaigen Dunkelheit zu erspähen vermöge. Und recht schaurige Töne zu erzeugen, musste man ihm nicht erst beibringen. Dass sich Sep in vorgetäuschtem Schrecken auf und davonmachen sollte, war ebenfalls nach Plan, und er sollte sich einfach weiter unten im Gebüsch verbergen, Marionnas Schrecken und Angst richtig auskosten lassend. Und bereits lachten sich die anderen Versteckten ins Fäustchen ob des offenbar gelungenen Streiches.

Dummerweise ging die Rechnung aber doch nicht ganz auf. Nicht weit von Seps Versteck schlug unerwartet ein Hund an. Ja, natürlich, die Niederjagd war in Gang! «Teufel und Grossmutter!» dachte Sep, und: «Was hatten Jäger denn noch nach Anbruch der Nacht auf der Pirsch zu suchen?»

Und schon drohte das Verhängnis zu nahen, denn er hörte eine Stimme rufen: «Dort! – dort muss der Hase sein!» Sep, der zu allerletzt Lust verspürte, vielleicht noch einen Schuss voller Schrot in den Hintern verpasst zu bekommen, sprang auf und jagte von allen Furien getrieben hangabwärts, auch er nicht der Milch in seiner Tanse achtend, sodass diese ihm über Schultern und Rücken und Hosen spritzte. Ja, und um das Mass voll zu machen, ging noch der verdammte Nestel an einem Schuh auf, dieser rutschte beim Sprung über den Bach vom Fuss, sodass er nicht nur ganz erbärmlich hinkend, sondern auch mit leerer Tanse und durchnässten Hosen zu Hause anlangte.

O la la, der Schuss des geplanten Spasses war einwenig daneben gegangen!

Alois Janutin: Der Maiensässler Streich.

Der verhexte Hirsch

Um welchen Jäger es sich handelte, der von jenem verhex-ten Hirschen zum Narren gehalten wurde, weiss man nicht genau, doch ziemlich sicher war es einer von den drei fast berühmten, die in Burvagn zuhause waren. Denn das, was dem Einen von ihnen begegnete, stiess ihm auf dem sonst so lieblichen und zum Dorf Cunter gehörenden Maiensäss Promastgel zu.

Auf seinem Pirschgang morgens in aller Frühe erblickte er am dortigen Waldrand einen prachtvollen Hirschen. Doch obgleich dieser den Feind schon erspäht zu haben schien, machte er keine Anstalt, sich davomachen zu wollen.

Das nun erschien dem erfahrenen Jäger doch mehr als merk-würdig. Und dies war auch der Grund, dass er nicht wagte, auf das Tier zu schiessen. Statt dessen näherte er sich behutsam, – aber trotzdem floh der Hirsch nicht!

Nein, so etwas war noch nie gehört worden! Und jetzt sah er es erst: der Hirsch war mit einem Strick an einem Pfahl angebun-den! Und der Prachtshirsch liess den Jäger ganz nahe herankom-men, schaute ihn aber, wie dieser deutlich bemerkte, mit ganz merkwürdigen Augen an. Wie von ihnen irgendwie fast verzaubert, machte sich unser Mann daran, den Strick loszumachen; doch brachte er es einfach nicht fertig, den starken Knoten zu lösen. Deshalb zog er sein Messer aus dem Sack und tat den nötigen Schnitt, aber nicht durch den Knoten, sondern am Seil.

Kaum befreit, nahm der Hirsch einen Satz und jagte in den von ihm erwarteten Sprüngen auf und davon, die Wiesen hinunter und war verschwunden, noch bevor der begreiflicherweise verdutzt Dastehende die Büchse ergreifen und anzusetzen vermochte. Halb erleichtert und halb ärgerlich konnte er ihm nur noch nachrufen: «So geh' halt, in Gottes Namen!»

Einzig von der Jagd – so tüchtig er in diesem Fache war – konnte der Jäger weder selber leben, noch seine Familie ernähren. Darum betrieb er nebst einer kleinen Landwirtschaft noch etwas Viehhandel.

Nun war es einige Jahre später, als er eine andere erstaunliche Begegnung haben sollte. Und dies eben, als er unterwegs war, um auf dem Markt in Promontogno, im Bergell, etwas Vieh zu kaufen. Kurz nach Bivio hatte er ein kleines Brücklein zu überqueren. Und hart neben diesem stand ein unscheinbares Häuschen. Im Begriff, an demselben vorbeizugehen, erschien am Fenster eine betagte Frau, die kurz grüsste, dann aber mit Nachdruck sagte:

«Hör' zu, – auf dem Rückweg kommst du zu mir herein, nicht wahr? Denn ich habe dir etwas sehr Wichtiges zu sagen.»

Ganz ahnungslos, um was es sich überhaupt handeln könnte, und von dieser unerwarteten Einladung völlig überrumpelt – da er die Frau noch nie gesehen hatte – versprach er, dies tun zu wollen.

Am Markt in Promontogno unten konnte er sehr vorteilhaft einige Stück gute Mesen erwerben und trieb nun die Tiere heimzu. Dabei überlegte er sich ständig, wie anstellen, um an jenem Häuschen vorbeizukommen, ohne von der Alten bemerkt zu werden. Denn er traute ihr einfach nicht gute Absichten zu. Ihr merkwürdiger Blick hatte ihm gar nicht gefallen. Doch da nützte kein Werweissen.

Obwohl er versuchte, sich hinter dem Rücken seiner Tiere zu verbergen, erspähte ihn die Alte sogleich. Und das Brücklein überqueren musste er, da gab es kein Ausweichen. Was aber sah er, die Stube betretend? Da war ganz nobel der Tisch gedeckt und stand ein famoses Essen bereit! Und die Alte lud ihn sogleich ein, sich an den gedeckten Tisch zu setzen, was er nur mit sehr gemischten Gefühlen befolgte, dachte aber doch: «Zum Gugger! Sei es wie es wolle! – so will ich wenigstens essen und trinken und etwas von der Sache haben!» Denn die freundliche Einladung abzulehnen wagte er einfach nicht.

Selbstverständlich hatte die alte Frau sogleich bemerkt, dass der Gast ihrer Einladung nur mit Widerstreben gefolgt war und ihn ein Misstrauen plagte. Darum beruhigte sie ihn sogleich mit der sonderbaren Erklärung, dass sie ihm sehr, sehr viel zu verdanken habe.

Der gute Mann aber konnte sich wirklich nicht erinnern, dieses Weib irgendwann getroffen zu haben. Und ob dem Folgenden fiel er nicht nur aus den Wolken, sondern fast vom Stuhl. Die Alte öffnete den Knoten ihres Halstuches und zog aus dem Rockausschnitt das ordentlich lange Stück eines Strickes heraus, an dessen Ende noch ein dicker Knoten steckte und sagte:

«Erinnerst du dich nicht mehr an diesen Strick? So wisse, jener Hirsch, den du damals auf dem Maiensäss befreit hast und ihn laufen liessest, das war ich!

Eine grausame Hexe hatte mich damals in einen Hirschen verwandelt und mich an jenen Pfahl festgebunden, damit mich ja die erstbeste Kugel eines Jägers treffe. Denn ich hatte ihr nicht zu Diensten sein wollen bei ihrem böswilligen Hexenwerk! Doch im selben Augenblick, als du riefst: So geh' halt, in Gottes Namen! wurde ich vom bösen Zauber befreit. Doch den Strick muss ich zeitlebens um den Hals tragen, weil du damals den Knoten nicht durchtrennt hast! Jetzt aber danke ich dir ganz herzlich für jene Befreiung. Und wisse: jedesmal, wenn du hier vorbeikommst, musst du bei mir einkehren, denn ich bin dir so unendlich dankbar für den erwiesenen Dienst!»

Ja, und dies tat er auch, denn noch manches Mal musste er gen Süden auf die dortigen Märkte, und jedesmal erhielt er von der Frau ein feines Essen!

C. Decurtins: Rätoroman. Chrestomathie

Das Räubernest auf dem Septimer

Oja, so scheint es wahrhaftig gewesen zu sein, will man all dem Glauben schenken, was da erzählt wurde. Gottlob ist diese böse Zeit überwunden, kann doch schon längst der einsamste Wanderer friedlich diesen uralten Passweg begehen ohne irgendeiner Gefahr zu begegnen.

Gar nicht so war das in fernen Zeiten, obschon der vielbegangene Pass damals der St. Petersberg hiess. Doch den Namen Set, also «sieben» erhielt er im Volksmund wegen der sieben Räuber, – ja, sogar «die sieben Mörder» genannt – die dort hausten, ein Vater mit seinen sechs Söhnen. Von Italien herauf seien sie eingewandert und hätten sich auf diesem nicht nur von Rompilgern, sondern zahlreicher noch von Kaufleuten benutzten Bergübergang eingenistet, indem sie das uralte Gasthaus kauften. Denn hier witterten sie nicht ohne Grund eine gute Quelle für ihr alles andere als saubere Handwerk. Und recht oft scheuten sie sich auch nicht, ihre Streifzüge auf das ganze Oberhalbstein auszudehnen, indem sie vorher als Krämer die Dörfer aufsuchten. Und weil sie sich dank ihrer welschen Art gar freundlich und einschmeichelnd zu zeigen wussten, fielen recht viele Leute darauf herein, nicht achtend der neugierigen Blicke, die sie, ins Haus getreten, darin herumschweifen liessen. Denn bestimmt kehrten sie dann nachts zurück, um das zu ernten, was sie am Tag an Wertvollem erspäht hatten. Ja, ja, – doch war hinterhältiger Raub bei weitem nicht alles, was sie verbrachen.

So ritt einmal von Italien her auch ein nobler Herr den Berg herauf. Er hatte manches Jahr in der Fremde verbracht und brachte nun das dort erworbene Gut heim: viele Golddublonen. Um bequemer den Berg überqueren zu können, kaufte er sich in Chiavenna ein gutes Reitpferd. Als er dann vor der Besteigung des Passes für eine kurze Erfrischung in Casaccia anhielt, riet man ihm dort aber ab, den Berg sogleich überqueren zu wollen, da es schon bald Abend werde. Der Mann, rein nichts wissend von den bösen Gerüchten, welche über das Gasthaus auf dem Septimer in Umlauf waren, winkte ab. Wenigstens bis zum Gasthaus auf der Passhöhe wollte er heute noch kommen.

«Ohoo, da kann ich ja sicher gut übernachten!» sagte er zu sich angesichts des Gasthofes.

«Ah, buona sera, signore!» wurde er überfreundlich begrüsst. «Chi l'è piazza a bot per lei e suo cavallino», (Hier ist Platz genug für Sie und Ihr Ross) rief schon ein dienstfertiger Geselle zum offenen Fenster heraus.

«Das scheinen wirklich freundliche Gastwirte zu sein!» dachte der Herr für sich. «Also nehme ich das Angebot an.» Und er liess sein Rösslein im Stall versorgen, nahm aber das Sattelzeug mit sich ins Haus. Denn in dessen Taschen war auch ein Teil seines Geldes geborgen, obschon er das Meiste, wie bei einem Reisenden üblich, in einem um den Leib geschnürten Gurt trug.

Zu seinem Glück fügte es der Zufall, dass er an der Küche vorbei musste, wo das Dienstmädchen an der Arbeit war. Ihn ohne Begleitung eines der Gesellen erblickend, schlich sie zu ihm her und flüsterte hastig: «O Sie armer Mann! Hier sind Sie in gar böse Hände geraten! Die da schenken keinem das Leben! Sie töten und berauben fast alle, die hier übernachten!»

Natürlich erstarrte der Herr vor Verblüffung. Und schenkte ihren Worten Vertrauen, sie aber auch flüsternd fragend, was er denn tun solle. Sofort flüchten? Schon steckte sie ihm eine Handvoll alter Schuhnägel zu, in einem schönen seidenen Beutel versorgt und hastig flüsternd, was er damit machen solle.

In der Gaststube ward er darauf mit grösster Höflichkeit empfangen. Darum sagte er nach einer Weile: «So, heute abend wollen wir um dieses Säcklein voll Gold spielen!» und hängte den seidenen Beutel an die Wand. Die sieben Gesellen, überaus befriedigt, einen so noblen Herrn im Haus zu haben, rieben sich schon die Hände ob der winkenden reichen Beute dieser Nacht.

Scheinbar in aller Ruhe und Gemütlichkeit genehmigte der Gast das gute Nachtessen und sagte dann: «So, jetzt möchte ich noch mein Ross tränken.» Da sich sogleich einer anerbot, es zu tun, winkte er ab: «Nein, nein, mein Ross lässt keinen Fremden an sich heran!» und er verliess die Gaststube. Im Gang ergriff er das dort abgelegte Sattelzeug, doch hatte ihm die Magd offenbar schon abgepasst, und sie steckte ihm einen Haufen Lumpen zu. «Um die Hufe zu umwickeln!» flüsterte sie.

In aller möglichen Hast tat er dies dann im Stall, schwang sich aufs Ross und galoppierte trotz der Dunkelheit bergab. Natürlich haben die Gauner in der Stube ziemlich bald den schlauen Streich durchschaut, sind hinausgestürmt, haben ihre eigenen Pferde gesattelt und die Verfolgung aufgenommen. Und sie waren im Vorteil, kannten sie doch Weg und Steg wie ihre eigenen Taschen.

Darum hörte der Flüchtling recht bald, wie sie sich ihm immer mehr näherten und dass es kaum ein Entwischen gab. Was tun in dieser Klemme? Da er soeben an einem Bach angelangt war, welcher hier durch eine grosse Röhre unter dem Weg durchfloss, hielt er an, raffte den Inhalt der Satteltaschen zusammen und versetzte seinem Pferd einen starken Klaps, es damit irgendwohin auf die Weide hinausjagend.

Kaum aber blieb ihm etwas Zeit, sich im Unterschlupf zu verstecken, als die Briganten auch bereits da waren. Offenbar um dieses mögliche Versteck wissend, rief einer dem anderen zu: «Schau nach, ob er sich etwa da unten versteckt hat!»

«Nein, dort ist er nicht, habe schon hineingeschaut!»

«Also, avanti!» befahl jener, und die Verfolger galoppierten fluchend weiter, bis die Häuser von Bivio in Sicht kamen. Dann, nach kurzem Beratschlagen, kehrten sie um. Als sie den Bach

überquerten hörte der immer noch Versteckte, wie einer vor sich hinfluchte: «Batistign, Batistot, – wenn wir dich finden, schneiden wir dir das rechte Ohr ab!» Aber sie setzten doch ihren Weg fort. Nur mussten sie nach einer Weile doch das Ross des Flüchtigen entdeckt haben, wie sich später herausstellen sollte.

Erst als dieser von den Gaunern lange nichts mehr hörte, kroch er aus seinem unbequemen Versteck hervor und hastete nach Beiva hinunter. Dort hatte er einen zwar all die Jahre nicht mehr gesehenen, einst aber guten Freund, und bei diesem klopfte er trotz der noch nächtlichen Stunde an und erhielt Unterschlupf.

Durch den Freund bekamen anderntags auch andere Leute des Dorfes Kunde von allem, was diesem Manne zugestossen war. Sogleich rief der Sindaco, der Gemeindevorsteher, etliche starke Männer zusammen, und mit diesen ging er der obschon schwer zu glaubenden Sache nach. Als erstes fanden sie bereits unterwegs das arme geschundene Pferd des Herrn. An ihm hatten die Räuber offensichtlich ihre Wut ausgelassen, denn ihm waren, nebst dem Schwanz, selbst Maul, Nüstern und Ohren abgeschnitten worden!

Selbstverständlich war nun das Mass voll, und jetzt lagen sicher handfeste Beweise vor gegen das schon lange gerüchteweise vermutete schändliche Treiben dieser Räuberbande. Doch als man mit einer starken Mannschaft zum Septimer hinaufstieg, um sie endlich dingfest zu machen, war das Nest leer und die Vögel ausgeflogen.

Seither aber hat gar niemand mehr die dermassen in Verruf geratene Herberge weiterführen wollen, und sie zerfiel immer mehr, sodass heute nur noch kümmerliche Mauerreste von ihrer Vergangenheit künden. Und einzig dank der stets weitergereichten Sage weiss man noch etwas von den sieben Räubern und Meuchelmördern auf dem Septimer.

C. Decurtins: Rätorom. Chrestomathie

So viele Schandtaten kamen ans Licht!

Ja, ja, – erst als nun auch die Behörde der Sache um dieses Lumpenpack auf dem Septimerpass ernsthaft nachzugehen begann, kamen Dinge ans Licht, die man bestimmt nur letzteren und niemand anderem zur Last legen konnte.

So wusste der Müller von der Mühle in Mulegns zu berichten, einmal hätten sie nachts bei ihm einbrechen wollen, seien aber nicht imstande gewesen, sich Eingang zu verschaffen. Darauf hätte einer versucht, durch das Loch des Mühlrades einzudringen. Doch er, auf die Gefahr aufmerksam geworden, habe sogleich Wasser auf das Rad gegeben und so den Einbruch vollends vereiteln können. Fluchend seien sie wieder abgezogen, vermutlich, um an einem anderen Ort den Raub zu versuchen.

Auch im Dörfchen Rona trieben sie ihr Unwesen. Dort soll es nämlich noch vor nicht so langer Zeit ein Haus gegeben haben, dessen Eingangstüre 2 Zoll dick war; und tagsüber lag stets ein dicker Balken auf dem Steinofen, der verwendet wurde, um nachts gegen Wand und Stubentüre gestemmt zu werden, damit den gefürchteten Räubern jedes Eindringen verwehrt werde. Und die Fenster liess man zu jener Zeit deshalb gerade nur so gross anfertigen, dass man den Kopf hinausstrecken konnte, und die runden Butzenscheiben waren fest in Blei gefasst und deshalb bruchsicher.

Eines Nachts beobachteten Leute, wie zwei dieser Banditen in Richtung Tinizong hinunter einen Mann verfolgten. Unten bei der Grube gelang es diesem, sich in einer Scheune im Heu zu verbergen. Da jene den Flüchtigen nirgends mehr sahen, vermuteten sie nicht zu Unrecht, wo er sich versteckt haben könnte und betraten ebenfalls die Scheune. Mit ihren Dolchen stachen sie wild im Heu herum, trafen ihn aber offenbar doch nicht. Nach vergeblichen Versuchen gaben sie es auf und verzogen sich.

Lange wagte sich der Verborgene nicht hervor, konnte dann aber doch annehmen, die Luft sei rein. Er setzte in aller Eile seinen Weg fort und gelangte bis zur Kapelle ein Stück weit vor Tinizong. Da sich der Fremde nun in Sicherheit wähnte, liess er einen Freudenjauchzer ertönen. Hätte er das nur nicht getan, denn allsogleich vernahm er von weiter oben eilige Schritte und dabei den Lärm grob genagelter Schuhe, die sogar Funken schlugen ob der Eile der Verfolger.

Nun galt es buchstäblich um sein Leben zu rennen. Keuchend erreichte der Fremde knapp das Dorf, und beim ersten Haus, das noch Licht hatte, hämmerte er mit der Faust an die Türe. Glücklicherweise war der Besitzer noch auf, und das war die Rettung!

Bei einem Einbruchsversuch an einem Haus in Rona sind aber einmal zwei Räuber der Bande auf unerwarteten Widerstand gestossen. Dort war kurz vorher ein tapferer und mutiger Soldat von seinem Kriegsdienst beim König von Frankreich heimgekehrt.

Sein Nachbar, der im gleichen Haus Wand an Wand wohnte, hat eines Nachts schon eine Weile verdächtige Geräusche vernommen, zuerst draussen an der Türe, dann an den Fensterläden und schliesslich sogar vom Dach herunter. Und er hatte nicht ganz Unrecht mit seinem plötzlichen Verdacht, dass könnten nur Einbrecher sein, – und wer anders, als jene aus der Bande der Septimergauner? Ganz begreiflich, dass der recht alte Mann und seine auch wach gewordene Frau vor Furcht fast erstarrten. Immerhin hatte der Mann noch so viel Mut, durch Klopfen seinen auf dem gleichen Stockwerk hausenden Nachbarn zu wecken.

Sobald der Soldat sich hatte vergewissern können, dass sein Nachbar offenbar das Richtige vermutete, ergriff er sein Schwert und schlich leise zum Estrich hinauf. Tatsächlich vermeinte er, dort in einer Ecke, in dem durch eine Dachluke hereinschimmernden schwachen Mondschein, eine deutliche Figur zu erkennen. Kurz entschlossen stiess er einen brüllenden Kampfruf aus: «Hurraa, sassaa!» und stach im gleichen Moment mit seiner Waffe auf den Eindringling ein. Aber, oha! Er traf nur ein hartes Brett, auf dem sich durch den Schattenwurf des Mondes die Figur seiner eigenen Person abgezeichnet hatte. Immerhin war sein Hieb derart mordskräftig, dass er das Brett glatt entzwei spaltete.

Doch scheint sein Kampf wenigstens etwas Gutes gefruchtet zu haben; denn seither wurde das Haus nie mehr durch Einbrecher belästigt!

Mehr nach einer Hexengeschichte tönte der Bericht eines Mannes von Surses – aus welchem Dorf er stammte, weiss man nicht mehr – der im Begriffe war, talauswärts zu reiten, als sich ihm kurz nach Bivio ein nicht sonderlich Vertrauen einflössender fremder Reiter beigesellte und sogleich fragte, wohin er denn gehe? «Nach Stalveder», gab jener zur Antwort. Also solle er ihm vorausreiten. Jener hatte aber gar nicht die Absicht, hier zu halten und ritt weiter. In Marmorera und in Furnatsch, wieder dasselbe

Frage- und Antwortspiel, doch den anderen wurde er einfach nicht los.

Dann aber bei Caz*e*t, mitten in Mul*e*gns, geschah es: aus dem Hinterhalt fiel statt des Fremden ein Fuchs seinem Ross in die Zügel. Doch war der Mann schon längst vorbereitet, zückte seine Pistole, schoss, traf, – aber unter einem gar wilden Geheul war der Fuchs verschwunden! – doch auch der unheimliche Begleiter samt dem Ross. Der Mann war gerettet!

C. Decurtins: Rätorom. Chrestomathie

Die Ausrottung der alten Jungfern

Es sind schon viele Jahre her, als in Marmorera eine an sich übermässige Schar alter Jungfern lebte, – so viele, dass man damit den Teufel hätte erschrecken können! Was aber tun, um sie aus dem Weg zu räumen?

Am Abend des heiligen Johannes des Täufers kamen daher einmal alle jüngeren Jungfern zusammen, um Rat zu halten, auf welche Weise man diese Plage loswerden könnte, denn die meist bösen Weiber hatten stets etwas zu bemängeln, zu meckern, zu murren und an den Jüngeren auszusetzen. Wenn diese etwa liebeln wollten, so taten die Alten verwundert «wie Brot und Brei» und schimpften, solche Sachen seien unschön und nicht geziemend, weder vor Gott noch vor der Welt.

Wenn sie gemeinsam die Kirche reinigten und die Jüngeren dabei ihre Spässe machten, sahen diese Alten darin schon eine Entweihung des Gotteshauses, wie wenn der Teufel einzöge. Darum wollte man endlich diese verwünschten Miesmacherinnen loswerden und hielt eine Versammlung ab.

Margrit schlug vor, mit ihnen auf den Markt zu gehen und sie allesamt zu verkaufen, – «und die Tante Catregna könnten wir sogar verschenken! Hat sie doch ständig und ewig an unserer Frisur zu nörgeln!»

Die Maria war der Meinung, dass man sie allesamt für eine Zeitlang auf Winterfütterung schicken sollte, – also sie auswärts als Dienstmädchen für die Hausarbeit vergeben und somit auch an fremden Tischen füttern lassen. Dadurch würden sie vielleicht einwenig abgekühlter und zahmer, denn leider nähme ihre Verschrobenheit mit dem Alter noch merkbar zu.

Eine andere, die ebenfalls Catregna hiess, schlug vor, «diese alten Schachteln» für einige Monate in ein Kloster zu stecken, um dort einwenig Busse tun zu lassen, denn mit ihnen sei es fast nicht mehr auszuhalten.

Die Sunta war der Meinung, sie in Realta, also in der dortigen Irrenanstalt zu versorgen.

Nun aber erhob sich Luisa und vertrat ihren Plan: «Nein, ich weiss eine bessere Art, um uns diese Plagegeister für immer vom Buckel zu schaffen. Wisst ihr, wie wir es anstellen könnten? Das kürzeste Verfahren wäre doch, sie zusammenzutreiben, auf einen Scheiterhaufen zu werfen, darunter ein prächtiges Feuer anzuzünden und sie mit Haut und Haar zu verbrennen!»

Zur allgemeinen Überraschung riefen da alle: «Bravo! Du hast recht! Das wollen wir machen!» Und das Geschnatter, das darauf in der ganzen Versammlung herrschte, wollte schier kein Ende nehmen.

Unerwartet aber gab nun dieselbe Margrit zu bedenken: «Aber ihr Lieben, – wie sollen wir es nur anstellen, um sie alle herbeizuholen? Wer bindet diesen Ungeheuern die Hände, damit sie uns nicht das Gesicht zerkratzen?»

Und sie hatte gewiss recht. Also ging das Beratschlagen wieder von neuem weiter, bis der Plan feste Umrisse hatte. Als Ort der Opferung bestimmte man die Kiesbank an der Julia unten; da würde wenigstens durch die Flammen kein wertvolles Wiesland geschädigt.

Dann wurde der genaue Schlachtplan vereinbart. Die Catregna musste ihre Tante Maria herbeiführen; die Margrit hatte die bösartige Luzia zu bändigen und zum Scheiterhaufen zu geleiten; die Sunta sollte sich ihrer hinkenden Tante Nota annehmen; des Tumasch besonders starkes Marieli müsse man von St. Moritz, wo sie diene, herkommen heissen, um die Magd des Paters, die

Anna, dieses bissigste Weib, aus dem Pfarrhaus zu schleppen; der Auftrag der zarteren Luisa war, ihre Tante Filomena aus dem Haus zu locken und sie an die Julia hinunter zu bringen.

Endlich hatte jede der tapferen Jungfern ihr Arbeit zugeteilt bekommen, jede eine dieser alten Störenfriede zugewiesen erhalten, um sie zum Richtplatz zu führen. Und ob der gefundenen guten Lösung brachen alle in einen Freudenjubel aus. Hei, würde das schön sein, wenn diese Brut ausgetilgt war!

O ja, das wäre es durchaus gewesen, wenn alles nach Plan verlaufen wäre, was aber gar nicht nötig wurde, – glücklicherweise. Denn unerwartet brach in Marmorera eine seit Jahrhunderten nicht mehr gekannte Krankheit aus, die früher jedoch gut bekannt gewesene Altweiber-Seuche, – der Maul- und Klauenseuche beim Hornvieh durchaus vergleichbar – und sie raffte eine alte Jungfer nach der andern weg, sodass die Gemeinde sogar gezwungen war, einige starke Männer zu bestimmen, um dem Sakristan beim Schaufeln der Gräber zu Hilfe zu kommen.

O ja, und welch ein Glück! – welch ein Glück nämlich, dass dadurch die doch allgemein lieben jüngeren Schwestern nicht als Mörderinnen der alten Jungfern in die Geschichte eingehen mussten!

Emil Ghisletti, in: Rätoroman. Mundarten, verfasst von A. Schorta

Der Ungeist vom Crap Ses

Es war kurz vor Weihnachten – nunmehr sicher vor 150 Jahren – als sich ein biederer Mann von Salouf – er nannte sich Gion Demarmels – erst gegen Mitternacht heimzu auf dem Weg von Tiefencastel hinauf befand. Er war nämlich in Chur am Andreasmarkt gewesen und daher recht beladen mit den Sachen, die er dort erstanden hatte, nebst allerhand Notwendigem auch bescheidene Geschenke für seine Lieben daheim.

Noch befand er sich nicht weit oberhalb des Dorfes auf der ansteigenden Strasse, als er weiter oben am Waldrand ein Licht erblickte. Da dort in der ganzen Umgebung weder Haus noch Stall sich befand, es zudem halb regnete, halb schneite und vom Schyn herein eine barsche Bise pfiff, nahm es ihn wirklich wunder, was dies für ein Licht sein möge und von wem verursacht.

Darum beschleunigte er absichtlich seinen Schritt, doch im selben Augenblick deuchte ihn, dass ein Tier hinter ihm hertrapple, eine Geiss oder so etwas. Was es aber fast nicht sein konnte, da er immer wieder eine Art Gekicher zu hören vermeinte. Deshalb schlug er mehrmals mit dem Stock um sich, was umso verständlicher war, weil die Dunkelheit es völlig verunmöglichte, dieses geheimnisvolle Wesen zu sehen, dessen unterdrücktes Lachen er ja deutlich vernahm und das ihm langsam unheimlich vorkam.

Gion trug – wie es damals Brauch war – auch einen Zylinderhut. Auf einmal konnte er deutlich spüren, wie dieser durch eine unsichtbare Kraft bald auf die eine, bald auf die andere Kopfseite herabgezogen wurde. Wobei er jedesmal neben oder hinter sich einen starken Schwefelgeruch zu riechen bekam. Er konnte ausschreiten wie er wollte, – die unheimliche Erscheinung hielt hartnäckig Schritt mit ihm.

Trotz der unangenehmen Gesellschaft erreichte er nun den Crap Ses, den das Tal versperrenden Felsriegel. Vergebens hatte er gehofft, nun bleibe dieser Toggel zurück, aber nein! Darum verliess ihn die Geduld, und er begann gewaltig zu fluchen, sowohl auf den Teufel wie auf dessen Grossmutter und alle bösen Geister. Dies aber bekam ihm nicht gut, denn sogleich wurde ihm eine saftige Ohrfeige verabreicht. Was ihn aber nur noch mehr in Zorn geraten liess und er in eine neue Schimpfiade ausbrach. Was ihm aber sofort einen harten Schlag auf die andere Seite eintrug, sodass ihm diesmal sein Zylinder vom Kopfe gerissen und er in hohem Bogen in das tiefe Tobel hinunterflog.

Jetzt hatte Gion aber genug, – er begann zu rennen, zum Steg bei der Säge von Burvagn hinab und erklomm prustend und keuchend den Pfad nach Salouf hinauf.

Als er dort anderntags das Erlebte erzählte, meinten einige seiner Mitbürger, das könne nur ein Geist gewesen sein, und zwar – wer weiss? – ganz sicher der von jenem italienischen Arbeiter, der beim damaligen Strassenbau beim Crap Ses erschlagen worden sei, und dies sogar von anderen Landsleuten aus Rache für Schandtaten, die er im gemeinsamen Heimatdorf begangen haben sollte. Um aber der gerechten Strafe zu entgehen sei er nachher hierher geflüchtet, wo er halt doch von Landsleuten erkannt worden war. Er soll erwiesenermassen ein durch und durch gar schlechter Mensch gewesen sein, auch bei den anderen Arbeitern schlecht angesehen.

Den guten Gion reute vor allem sein sozusagen neuer Zylinderhut. Darum war am andern Tag sein erster Gedanke dieser, ihn im Tobel unten zu suchen. Endlich fand er ihn tatsächlich im dortigen Gestrüpp, knapp am Wasser der Julia. Aber der schöne zeitgemässe Hut, der ihm so lieb gewesen und ihn so herausgeputzt hatte, war ganz zerdrückt. Und noch mehr: oben, im Boden, war ein grosses Loch herausgebrannt. Und das sonst schöne Stück stank noch überdeutlich nach Schwefel. Gion wagte daher nicht, seinen armen, so bös misshandelten und ganz sicher verhexten Hut mitzunehmen.

Dietrich v. Jecklin: Volkstümliches aus Graubünden, Chur 1916.

Geister in Val Faller

In den meisten Dörfern des Oberhalbstein – als es noch lauter Bauerndörfer waren – herrschte bei der Fütterung der Viehhabe weitgehend überall derselbe Brauch: nach der freien Atzung im Herbst auf den Wiesen beim Dorf, begann noch die Ausfütterung in den Ställen der Maiensässe, sei es in einem abseits liegenden Einzelgehöft oder meist in einem zur Gruppe gehörenden. Und dies währte bei einzelnen Bauern oft sogar bis an Weihnachten oder bis der Heuvorrat aufgebraucht war. Und so konnte es auch geschehen, dass sich ein Bauer oder sein Knecht noch wochenlang mutterseelenallein mit seiner Viehhabe auf seinem Säss befand.

Dieses Los traf einmal auch Brosi, einen stämmigen und mutigen Burschen von siebzehn Jahren, Knecht bei einem der angesehendsten Männer des politischen Lebens und auch einer der wohlhabendsten Bauern. Diesem gehörte daher ein gar stattlicher Stall und entsprechendes Feld in Val Faller.

Knecht Brosi blieb natürlich auch jeweils über Nacht hier, nachdem er das Vieh versorgt hatte. So auch nicht anders in jenem Dezembermonat, als er noch als einziger im Maiensäss weilte. Nach erfolgter Umsorgung der ihm anvertrauten Tiere sprach er noch auf der Schwelle der Stalltüre das übliche fromme Kurzgebet: «Dia cuzzainta, amen!» – was etwa heisst: «Gott befohlen!» Dann verzog er sich ins warme Stübchen im oberen Stock, las bei heimeligem Kerzenlicht noch etwas in einem alten Kalender oder Buch, sprach sein Abendgebet und schlüpfte gewöhnlich recht früh unter die Bettdecke. Hiess es doch, am Morgen ordentlich beizeiten aus den Federn zu kriechen, die ihm anbefohlenen Tiere zu füttern, die Kühlein zu melken und mit der Milchtanse auf dem Rücken ins Dorf zu marschieren, um tagsüber anderer Arbeit nachzugehen.

Da – es war an einem Sonntagabend – hatte er die Arbeit etwas früher beendet als sonst, denn er gedachte, noch einwenig länger in einem mitgenommenen neuen und spannenden Buch lesen zu können. Doch kaum hatte er das warme Stübchen betreten, hörte er vom Stall herauf einen tosenden und rumpelnden Lärm, begleitet von einem, wie es schien, regelrecht verängstigten Gemuhe des Jungviehs. Aufspringen, die Laterne ergreifen und in den Stall hinunterrennen war sozusagen das Werk eines Augenblicks. Dort aber fand er soweit alles in bester Ordnung, nur dass sämtliche Tiere nicht ruhten, sondern standen.

Darauf machte er die Runde um den Stall, konnte aber gar nichts Verdächtiges entdecken. Nach seinem Erscheinen und dem Vernehmen seiner vertrauten Stimme schienen auch seine Tiere sich sogleich beruhigt zu haben, sodass er sich wieder ins Stübchen verzog. Aber höchstens die Länge eines Vaterunsers war vergangen, als sich unten genau dasselbe wiederholte, ein aufgeregtes Gemuhe, Gebimmel der umgehängten Glocken und Getrampe der Füsse, sodass er regelrecht erschrak, ja, ihm sogar ein gewisser Schauder über den Rücken lief. Selbstverständlich schaute er trotzdem sogleich nochmals nach, fand aber wiederum alles so, wie es sein sollte.

Brosi konnte nur den Kopf schütteln. «Was, zum Teufel, sollte das auch sein?» konnte er sich nicht enthalten, halb zu fluchen. Um sicher zu gehen begab er sich zu jedem Tier hin, strich ihm über Hals und Rücken, im Versuch, es beruhigen zu können. Dann blieb er eine Weile grübelnd und überlegend im Mittelgang stehen. Und einem Einfall folgend, kniete er nieder und betete ganz laut das Vaterunser.

Kaum das Amen gesprochen, vernimmt er von zwei Seiten her ein Gekicher, und im selben Augenblick kriechen zwei Burschen aus den Futterkrippen hervor, laut und schallend lachend.

«Ohoo, diesmal haben wir dir doch Angst vor den Geistern eingejagt! Hattest du nicht erst kürzlich aufschneiderisch behauptet, nichts, nicht einmal ein echter Spuk vermöge dich zu erschrecken?»

Brosi war es im ersten Moment alles andere als ums Lachen, wusste er nicht recht, sollte er über den groben Spass schimpfen, da er fand, dies sei doch ein gar starkes Stück gewesen, in seinen Stall zu schleichen und seine lieben Tiere derart in Schrecken zu versetzen!

Ser G. Battaglia, im Igl Noss Sulom 1941.

Der abgesprungene Reifen

Vor alten Zeiten kehrte eine Frau vom Geschlechte der Cott aus Frankreich ins Heimatdorf Tinizong zurück. In der Fremde schien sie aber manche Dinge gelernt zu haben, die ganz nach Zauberei aussahen. Jedenfalls verdächtigte man sie bald, eine Hexe zu sein, nannte sie aber – um ja jede Schande von den anderen der ehrbaren Familien Cott abzuwenden, weil zu diesen sogar ein Pfarrer gehörte: die «Miss*u*ia». Dabei leitete man diesen Namen gewiss vom französischen «monsieur» ab, womit man sie des öftern fremde Herren hatte ansprechen hören. Daher soll sie auch die erste Hexe gewesen sein, die man in Tinizong mit diesem Namen taufte, und den man nachher auch auf sämtliche spätere «str*e*ias» des Ortes übertrug: Miss*u*ias.

Nun, weil man sie damals aber wegen ihrer besonderen Kenntnisse und geschliffenem Umgang mit Fremden sogar mit dem Einzug des Wegzolles bei den vorbeikommenden Fuhrleuten betraut hatte, wagte man jetzt nicht mehr, ihr diesen Verdienst zu entziehen. Wenn so ein Gespann des Weges kam, die Frau aber nicht gerade zur Stelle war, dann pfiff der Fuhrmann durch die Finger, und alsbald zeigte sie sich am Fenster im oberen Stockwerk und liess an einer Schnur befestigt eine Büchse herunter. In diese musste die geschuldete Münze gelegt werden, und das Gefährt durfte seinen Weg fortsetzen.

Einst kam erst gar spät – es ging bereits gegen Mitternacht – ein Mann mit seiner Fuhre vom Bergell her, um nach Lantsch, in sein Dorf, heimzufahren. Zu dieser unmöglichen Stunde aber war die Zöllnerin schon gar nicht zuhause. Ziemlich sicher nahm sie irgendwo an einer nächtlichen Hexenversammlung teil. Jedenfalls pfiff der von Lenz vergebens. Schliesslich wurde es ihm zu bunt, und er setzte seinen Weg fort, indem er dachte, er könne ja seinen Blutzger auch erst dann bezahlen, wenn er das nächste Mal vorbeikomme.

Daheim erwartete ihn schon sein Vater in Ungeduld und Sorge. Da es ihm offenbar sogleich auffiel, fragte er erstaunt, wo er denn den Reifen zu dem einen Rad habe? Wirklich fehlte ein solcher! Trotz der sofortigen Suche durch sie beide auf dem letzten Streckenstück blieb der Reifen verschwunden und es musste ein Ersatz her.

Denn wenige Tage darauf musste der Sohn tatsächlich nochmals ins Bergell. In Tinzen schaute die Hexe schon zum Fenster heraus und rief ihm zu: «He, ihr habt das letzte Mal einen Reifen verloren! Hier unten liegt er! Aber dass Ihr nicht mehr vorbeifahrt, ohne den schuldigen Zoll zu entrichten, sonst werdet ihr es bös zu büssen haben!» Und sie schickte diesen Worten noch ein giftiges Lachen hinterher. Nun wusste der biedere Lenzer Fuhrmann genug!

Arnold Büchli: Sagen aus Graubünden.

Die wunderbare Milchleitung

Als jener biedere Mann von Tinizong mit eigenen Augen sich vergewissern konnte, dass es in ihrer Stube tatsächlich eine sowohl geheimnisvolle, wie gar nicht minder wunderbare Milchleitung zu geben schien, war dies mit einer furchtbaren Entdeckung verbunden: mit der Erkenntnis, dass es da nicht mit den bekannten rechten Dingen zugehen könne. Obgleich er sich sehr gut daran erinnerte, wie es angefangen hatte, nämlich damit, dass ihm seine so liebe Frau eines Tages eröffnet hatte, sie seien nun völlig am Ende mit dem Geld. Sie wisse nicht mehr, wie Nahrung aufzutreiben für die grosse Familie. Man habe buchstäblich nichts mehr zu beissen!

Dann war sie eines Tages plötzlich unter ganz undurchsichtigen Grundangaben für eine Zeitlang abwesend gewesen, – und sogleich darauf begann die geheimnisvolle Versorgung mit der nicht minder geheimnisvollen Milch.

Auf die Spur gekommen war er nur dadurch, dass er trotz ihres strengen Verbotes heimlich an die Stubentüre geschlichen war und durch das Schlüsselloch gespäht hatte um einmal herauszufinden, wie die Frau es fertigbringe, immer wieder und aus ihrer Stube einen Kessel frischer Milch herzuzaubern!

Ihm wurde plötzlich klar wie Sonnenlicht: da musste ein besonderes Geheimnis dahinterstecken, sonst hätte sie nicht jedesmal die ganze Familie, sowohl den Mann wie ihre grosse Kinderschar strengstens angewiesen, ja die Küche nicht zu verlassen, während sie sich Milch besorge.

Nein, da gab es kein Werweissen mehr. Aber hinter das Geheimnis wollte er kommen, koste es was es wolle. Daher setzte er in einer harten Auseinandersetzung im Schlafzimmer durch, dass sie ihm erlaube, sie in die Stube zu begleiten. Nur nach hundert Ausflüchten, Windungen und Wendungen liess sie sich herbei, ihn in die Stube zu lassen. Und was konnte er sehen? Dort zog die Frau einen kleinen, geschickt hinter einem Heiligenbild versteckten hölzernen Zapfen aus dem Wandtäfer, – und heraus floss ein reichlicher Strahl frischer kuhwarmer Milch!

Ja, ja, die gute Frau und Mutter hatte die Not ihrer Familie einfach nicht mehr ertragen können und in einer arg getrübten Stunde mit dem Bösen einen Pakt geschlossen, um halt bei ihm Hilfe zu finden. Auf einer Wiese oberhalb des Dorfes wurde sie vom Teufel gesalbt, musste mit ihm tanzen, – und besass nun Hexenkräfte. So auch die Macht, zur Melkzeit gar von den Kühen der Alp Flix in Sur frische Milch in ihre Wohnung nach Tinizong zu leiten!

Das aber war gar nicht im Sinne des christlichen Mannes. Nach hartem Ringen mit sich selbst, musste er sie anzeigen, und sie wurde gerichtet!

Teilweise nach Georg Luck: Rätische Alpensagen

Der Pizochel-Stein

«**W**arum könnte hinter der Sage vom «crap digl pizochel»[29] denn nicht sogar die pure Wahrheit stecken?» fragt sich der Erzähler. Habe ihm sein Grossvater doch alles ganz wahrheitsgetreu und in den buntesten Farben ausgemalt zu erzählen gewusst! So sollen nur jene, die nicht daran glauben wollen, einmal zu ihnen nach Tinizong kommen und mit eigenen Augen den geheimnisvollen Stein betrachten. Er jedenfalls könne nie den Dorfteil Curtinatsch durchqueren, ohne einen geradezu scheuen Blick auf ihn zu werfen.

Zuoberst im Dorf wohnte er, ein gutmütiger Bürger namens Plaschign[30]. Vermutlich gab es im Dorf noch andere mit diesem Namen des Kirchenpatrons, sodass man ihn, um Verwechslungen vorzubeugen, weiterhin so gerufen hatte, nachdem er schon längst den Bubenhosen entwachsen war.

Dabei war er gar nicht «klein», wie der Name bedeutet, beileibe nein! Höchstens wenn man seinen bescheidenen bürgerlichen Stand verglich mit jenem der ehemaligen Adeligen, welche die Burg im Dorf bewohnt hatten und die so nobel und hochnäsig gewesen seien, dass der Pfarrer für sie sogar einen eigenen Gottesdienst zu feiern hatte. Möglicherweise hatten sie sich dieses Vorrecht auch dadurch ausbedungen, weil sie jene Heiligenstatue geschenkt hatten, welche noch heute an der Mauer beim Kircheneingang prangt. Und von der es heisst, es habe noch kein Pfarrer und kein Bischof angeben können, um welchen Heiligen es sich da handle!

Trotzdem seien diese «Niebels», diese Adeligen, keinen Deut frommer gewesen als die gewöhnlichen Leute. Auch nicht später jener zu ihrer Sippe gehörende Herr Burschign, im Gegenteil! Ein halber Gottloser sei er gewesen! Doch habe gerade dieser dann den Lohn dafür erhalten!

Schritt da eines sonntags unser Plaschign die Gasse vom Oberdorf herunter um brav, wie es sich gehörte, den Gottesdienst zu besuchen. Sein Weg führte stets genau am Haus des Herrn Burschign vorbei. Und dieser stand breit im offenen Fenster seiner Stube. Wohl wissend, warum Plaschign sonntäglich gekleidet sei, hatte er selber aber gar nicht im Sinn, es ihm gleich zu tun. Auch nicht, als jener ihm von der Strasse herauf zurief: «He, Signor Burschign, wollt Ihr nicht auch einmal zur Kirche kommen?»

Dieser aber machte eine heftig abwehrende Bewegung: «Habe wirklich gar keine Zeit, – ich muss meine Piz*o*chel kochen!»

Ihn an den Haaren in die Kirche ziehen, nein, das konnte Plasch*i*gn wahrlich nicht. Musste er sich doch selber sputen, wollte er nicht bereits der Letzte sein in den Kirchenbänken. Doch zügelte er seine Zunge, obschon er sich gar gerne eine etwas bissige Bemerkung erlaubt hätte.

Dann aber, mitten im feierlichen Lob Gottes, spitzten sowohl der zelebrierende Kapuzinerpater als auch die gesamte volle Kirche die Ohren, regelrecht aufgeschreckt durch ein fürchterliches Krachen. Es schien, als stürze mindestens das halbe Tinzerhorn auf das Dorf herab. Doch weil dann alles verebbte, beruhigte sich auch die versammelte fromme Christenschar, und in aller Würde konnte der Gottesdienst beendet werden.

Wie aber sperrte beim Verlassen der Kirche männiglich die Augen auf vor Verwunderung, ja, Entsetzen, als man den Grund des höllischen Lärms entdeckte! Hals über Kopf rannte alles gegen Sumv*e*i [31)] hinauf und blieb vor Schreck wie festgenagelt. Während des Gottesdienstes hatte sich nämlich ein riesiger Stein, ein halber Felsen, irgendwo am Berg oben gelöst, war in riesigen Sprüngen die Hänge hinunter und ins Dorf gestürzt, dort mit furchtbarer Wucht gegen die Hauswand Bursch*i*gns geprallt, sodass deren ganze Bergseite eingedrückt und zertrümmert wurde. Ihn selber fand man unter den Trümmern, den Kopf sogar in die Pfanne mit den Piz*o*cheln hineingedrückt.

Plasch*i*gn von Sumv*e*i war der Letzte gewesen, der ihn noch lebend gesehen hatte. Und natürlich musste er allen erzählen, was die letzten Worte des vom Steinbrocken Erschlagenen gewesen waren: «Habe gar keine Zeit in die Kirche zu kommen, ich muss meine Piz*o*chel kochen!»

Tja, wie ein Lauffeuer gingen diese Worte dann durch das ganze Dorf. Und wen wundert's, dass die Leute recht bald, – wenn man im Gespräch auf den Stein zu sprechen kam – anfingen, diesen einfach den «Crap digl Piz*o*chel» zu nennen!

Viel später dann – als die Ruine des Hauses dieses Bursch*i*gn längst abgetragen war, begann sogar etwas Rasen und Gras den Steinbrocken zu überwuchern, ja, ihn völlig zuzudecken. Und das Schicksal des Mannes scheint zu zeigen, dass es kaum Glück bringt, wenn dem Herrgott sonntags die ihm gebührende Ehre nicht erwiesen wird.

Remo de Steffani: Igl Crap digl pizochel, Igl Noss Sulom 1985
Linard Thomasin: Igl spiert digl curtgign, Sulom Surmiran 2003

Wie der von Marmorera den Teufel enthörnte

Es liege zwar schon sehr, sehr weit zurück, jenes Ereignis, als der brave Bürger von Marmorera dem Höllenfürsten tatsächlich ein Horn abschlug. Denn dass dieser Herr der Unterwelt nicht nur ab und zu in zottigem Fell und Bocksfüssen auftritt, sondern auch regelrechte Hörner seinen Kopf krönen, das braucht man wohl niemandem näher zu erklären.

Weniger einleuchtend und noch viel weniger üblich dürfte es gewesen sein, dass man vor vielen, vielen Jahren in Savognin niemand anderen als den Leibhaftigen zu Hilfe rief, um anlässlich der jedes Jahr stattfindenden Prozession für die nötige Ordnung unter den sich beteiligenden frommen Christen zu sorgen! Das soll schon deshalb nötig gewesen sein, weil es kein gewöhnlicher Umzug war, da dieser in Savognin am Tag des Festes des Heiligen Kreuzes buchstäblich zum Mittelpunkt des ganzen Tales wurde. Die Verehrung des Kreuzes, bei der man des für die Erlösung der Welt sich opfernden göttlichen Sohnes gedachte, zog riesige Scharen frommer Leute aus allen Dörfern an. Von zuunterst bis zuoberst im Tal strömten sie herbei, selbst vom entfernten Marmorera.

Die Prozession hatte aber auch ein gar festliches Gepräge, wenn hinter den Kreuzfahnen sämtliche Priester der Umgebung in Festkleidung schritten, von allen drei Kirchen die Glocken läuteten, Mörser krachten, ja, aus dem Wald herunter sogar der erste Kuckuck seinen Ruf mit dem Gesang der Heiligenlitanei mitmischte ... Und sogar die Natur schien mitzufeiern; während ringsum noch Schnee die Bergspitzen zierte, überzog doch bereits ein saftiggrüner Grasteppich Talboden und Hänge.

All das mochte bei den in der unendlich langen Prozession sich singend und betend einreihenden und den Weg schier überfüllenden Volksscharen doch auch gar leicht die heilige Ordnung aus der Fassung bringen. Dies sowohl aus Erfahrung wie dank weiser Voraussicht bedenkend, wurde durch die Gemeindeväter seit altersher ein Ordnungshüter angestellt. Damit dieser aber mit der nötigen Autorität seine Anordnungen durchzusetzen vermöge, sollte er nicht nur dank seiner Grösse und mächtigen Stimme Eindruck machen, sondern auch durch seine äussere Erscheinung. Uraltem Brauch gemäss trat er verkleidet auf, ausgerechnet ... als Teufel!

Jawohl, als Teufel! Den Körper bedeckte das zugeschnittene Fell eines offenbar recht zottig gewesenen Ochsen; dessen Hörner gaben dem Kopf ein fast furchterregendes Aussehen, und auch der wie ein halbes Baumstämmchen ausschauende Knüppel in seiner Rechten, zuoberst mit einer Mistgabel bestückt, sorgte nicht weniger für die nötige Nachachtung seiner Anordnungen. Und was dies alles nicht bewirkte, mochte verstärkt werden durch das fast höllische Gebrüll, womit dieser Teufel nötigenfalls die letzte Wurzel eines sich zeigenden Ungehorsams ausriss.

Nun waren da einmal – und zwar zum allerersten Mal – auch zwei als geistig nicht zu den Hellsten gerechneten, dafür aber körperlich stämmigen und daher daheim in Marmorera als Raufbolde bekannte Gesellen heute zum hohen Fest nach Savognin gekommen. Diesen, an ungebändigte Freiheit gewohnten Berglern, machte es scheinbar Mühe, sich in der Prozession an eine unbedingt notwendige Ordnung zu halten. Begreiflich, mussten sie daher von dem die Reihen abschreitenden Herrn Satan halt mehrmals in die Schranken gewiesen werden, waren von ihm auch alles andere als sanft in die Reihe zurückgedrängt worden.

Hatten sie also in ihrer geistigen Beschränktheit bereits wahre Ochsenaugen gemacht, als sie da den scheinbar echten Teufel zu sehen vermeinten, so erinnerte sich der klobigste unter ihnen doch plötzlich an das, was ihm vor vielen Jahren in der religiösen Unterweisung eingeprägt worden war: man müsse den Ränken des Teufels mit allen Kräften widerstehen! Und das hiess doch auch: ihn bekämpfen!

«Zum Teufel mit dir!» dachte er in einer plötzlichen Aufwallung. «Warte nur, bis du wieder in meine Nähe kommst!» Und vom Strassenrand griff er einen wackeren Steinbrocken auf und umklammerte ihn angriffsbereit. Tatsächlich schien der Gehörnte es besonders auf diese zwei ungehobelten Burschen abgesehen zu haben. Aber noch bevor er in ihre Nähe gelangte, schmiss ihm der von Marmorera den Stein an den Kopf. Und sein schon von Bubenzeiten an geübte Wurf verfehlte auch diesmal sein Ziel nicht; der Brocken schlug dem Teufel regelrecht ein Horn vom Geweih. Ja, der Schlag musste so furchtbar sein, dass er den armen Teufel derart am Kopf traf, dass er zu Boden fiel und sogar blutete. Was ihn nun aber völlig verunstaltete war, dass ihm eines der Hörner baumelnd herabhing ...

Darob offenbar doch selber erschrocken, liessen beide Marmorer kein Gras mehr unter den Füssen wachsen, sondern suchten schleunigst das Weite. Nun heisst es, sie hätten aber bei den Ihren daheim nicht wenig mit ihrer Heldentat aufgetrumpft und der Bezwinger des Höllenherrschers triumphierend ausgerufen: «I dà scurnà al diavel!» – «Ich habe den Teufel enthörnt!»

P. Alex. Lozza: Ballade, Egn da Murmarera scorna igl diavel,
Igl Noss Sulom 1936

Zur Erinnerung an den bedeutendsten Dichter von Surmeir, Pater Alexander Lozza, und um auch der in der Gegend gesprochenen romanischen Sprache einwenig die Ehre zu erweisen – da die allermeisten dieser Sagen von romanischen Erzählern stammen, – möchten wir dessen als Ballade verfasste Sage in ihrer Originalform folgen lassen.

Egn da Murmarera scorna igl diavel

La processiun da sontga Crousch,
an lunga, giaglia reia,
litaniond cun ferma vousch,
tras Suagnign sa spleia.

Digl bung taimp vigl! Murters sfarregian ...
Oz tot Surgôt è giu!
Anc neiv segls ots. Igls pros verdegian, –
segl gôt, gl'amprem cucu.

Vistgia da diavel, fò rughel,
cunzont cugls fulastiers,
en om, mez bov e mez utschel,
cun furtga, corns e viers.

Er dus vaschigns da Murmarera,
dus dètgs pugniers èn cò!
Igl diavel saglia, fò canera,
igls stompl' anve, annò ...

Tgappond en crap, l'egn dei a l'oter:
«Al diavel al purter! ...
Al tir in crap, al branc pal gotter, –
al mangla betg turner!»

Igl nosch è no! ... En crap, en bratg, –
igl diavel è scurno! ...
En corn igl penda ... El è sblatg
e croda sancano ...

Igls dus bindungs èn scumparias,
scu louvs, rots or d'en stavel ...
A tga, l'egn chinta, losch, agls sies:
«I dà scurnà al diavel!»

Die hübsche Fänggin auf Alp Sblogs

Von der Alp Sblogs, am Eingang des Val Faller, wird eine recht seltsame Geschichte erzählt. Dort sömmerte ein junger Bauer von Mulegns seine vier Kühe. Jedesmal, wenn die Reihe an ihm war, die Milch der Maiensässgruppe zu Butter und Käse zu verarbeiten und er zu diesem Zweck hinaufstieg, fand er alles schon blitzblank erledigt, gebuttert, gekäst, sauber abgewaschen und versorgt. Bislang hatte er aber einfach nicht herauszufinden vermocht, wer ihm einen derart grossen Dienst erwies. Das aber wollte er unbedingt wissen.

So beschloss er eines Tages, sich regelrecht auf die Lauer zu legen um zu sehen, wer seine Sennhütte betrete. Zu seiner Verblüffung konnte er beobachten, dass aus dem Wald eine Frau herauskam, am offenbar von ihr herausgefundenen richtigen Ort des Verstecks den Schlüssel suchte und die Hütte betrat. Näherschleichend, sah er dann alles: wie sie Feuer machte, die Milch entrahmte und sie fachgerecht verarbeitete und dann alles in bester Ordnung zurückliess. Wie es ganz den Anschein machte, musste es ein wildes Wesen sein, war jedoch ein ausnehmend hübsches Mädchen. Sie zu stellen versuchte er gleich darauf; doch sobald sie das Geräusch seiner Annäherung hörte, flüchtete sie eiligst hinaus, dem Wald zu.

«Du Trottel!» sagte er zu sich, «jetzt hast du alles verpatzt! Sicher kommt sie nun gar nicht mehr!»

Dem war aber glücklicherweise nicht so. Beschlossen hatte er für sich, niemandem von seinem merkwürdigen Besuch zu erzählen. Umso erleichterter durfte er dann schon das nächste Mal feststellen, dass alles so geschehen war wie bisher.

Dringender denn je beschäftigte ihn aber von jetzt an der Wunsch, sie zu stellen. Und, wer weiss – vielleicht liess sich die Wilde sogar zähmen und zu einem ordentlichen Menschen machen? Hatte er doch gesehen, dass die Arme sogar noch barfuss herumlief! Aber wie überhaupt zuerst ihrer habhaft werden? Das war ja die grosse Frage.

Sein unablässiges Grübeln aber brachte doch Frucht. Er kaufte bei der Wirtin einige Krüglein Wein, vom besten und stärksten, den sie feilbot. Diese stellte er auf den Schaft über dem Feuerherd, füllte aber damit zuerst auch eine Holzschale, worin er Brotbrocken hineinschnitt und legte es samt einem Löffel auf dem Tisch bereit. Zudem hatte er noch ein paar neue Schuhe machen lassen. Nun band er sie mit ihren Riemen zusammen, liess diesen aber so viel Spielraum, sodass die Schuhe angezogen werden konnten, ohne die Riemen überhaupt lösen zu müssen. Das nagelneue und gar prächtige Schuhwerk legte er so hin, dass es unmöglich übersehen werden konnte.

Selbstverständlich bezog er wieder seinen Lauerposten. Und das dienstbare Wesen erschien wieder, vollendete seinen wertvollen Dienst, – und bemerkte dann auch den Wein. Vom eigenartigen und ihm fremden Duft verführt, wagte das Mädchen nach etlichem Zögern doch, einwenig davon zu kosten, dann zu schlecken und schliesslich fast gierig Wein und Brot zu löffeln. «Hei, wie ist das gut!» mag es zu sich selbst gesagt haben, als es – wie er von draussen zu beobachten imstande war – auch die Krüglein auf dem Schaft entdeckt haben musste, denn sie trank tapfer daraus.

O das arme Ding! Die Wirkung des Teufeltranks nicht kennend, trank sie nach erwachter Lust viel zu viel davon, sodass es ihr bald herrlich zumute wurde. Und schon wollte sie deutlich zu einem Ringtanz ansetzen, als ihr die Schuhe in die Augen fielen. Scheinbar fand sie sogleich heraus, dass man da die Füsse hineinstecken könnte, was sie auch fertigbrachte. Weil sie aber ihrer Sinne schon nicht mehr ganz mächtig war, stolperte sie der Verschnürung wegen schon beim ersten Schritt und fiel der Länge nach hin.

Der junge Bauer aber, der bereits nahe an den Eingang hergeschlichen war, sodass er alles erfasst hatte, war jetzt mit einem einzigen Satz in der Hütte, hielt sie am Boden fest und fesselte sie an Händen und Füssen. All ihr Schreien, ihre Beissversuche waren vergebens; er liess sie nicht mehr los.

Weil er sie aber nach ihrer Ernüchterung, und vor allem später, sehr rücksichtsvoll und lieb behandelte, gewann er recht bald einiges Vertrauen. Und da sich seine Haltung auch weiterhin nicht änderte, gedieh dies so weit, dass sie sogar zutraulich wurde. Ja, nach einiger Zeit willigte sie gar ein, mit ihm zu kommen und bei ihm zu bleiben, – so lange, wie er sie mit Freundlichkeit und Liebe behandle, sagte sie. Hatte ihm doch nicht nur ihre ausnehmende Schönheit, sondern nicht minder ihre nach und nach sich entfaltenden fraulichen Eigenschaften gar gut gefallen.

Etwas ganz Besonderes schien es halt doch zu sein, dass dieses wild aufgewachsene Mädchen ein ganz anderer Mensch wurde, – einer wie alle anderen.

Fleissig und gelehrig wie keine zweite, und eine liebe Frau, wie der Bauer keine bessere hätte finden können. So ging alles bestens. Beide waren glücklich miteinander. Der Mann konnte schier wochenlang von zuhause fernbleiben, sein Weib besorgte alles aufs gewissenhafteste, in Haus und Stall wie auf dem Feld, sodass er sich immer richtig freute, wieder heimzukommen.

So konnte er auch an jenem Septembertage bedenkenlos seine Ochsen einspannen, um wie üblich am Markt in Chiavenna die für den Winter benötigten Vorräte zu besorgen, sowohl einen Sack der guten italienischen Polentakörner, wie eine Lägel [32)] Wein und andere notwendige Dinge.

Acht Tage blieb er von zuhause fort, obschon das Wetter auch im Bergell unten immer unfreundlicher wurde und es fast den Anschein machte, als wolle bereits der Winter seine Fühler ausstrecken. Dabei ahnte er nicht ohne Grund, dass seine Frau daheim wohl sich fast zu Tode schinde, um die Frucht unter Dach zu bringen. Auch sie dasselbe wie er befürchtend. Das traf allerdings genau zu. Sie erntete alles, obschon weder Korn noch Kartoffeln voll ausgereift zu sein schienen. Doch dachte sie zu Recht: «Besser so, als gar nichts!»

Aber es kam alles andere als gut an. Als der Mann heimkam, durchnässt und todmüde und daher übler Laune, begehrte er auf und machte ihr heftige Vorwürfe, wieso sie das unreife Zeug geerntet habe? Und in seinem Ärger liess er sich sogar hinreissen, der wie erstarrt Dastehenden mit Schlägen zu drohen.

Dies aber sei des Guten zu viel gewesen. Mit dem Vorwurf: «Also scheint es, du habest genug von mir!» lief sie davon. Natürlich griff er sich sogleich an den Kopf, bereute seinen Unmut und hätte sich am liebsten geohrfeigt. Und unverzüglich rannte er ihr nach, sobald er der Flüchtenden ansichtig wurde rufend, sie möge doch zurückkommen. Dazu aber machte sie nicht die geringsten Anstalten. So gelangten die Beiden in fast atemlosem Lauf bis nach Val Gronda, wo die Frau kurz anhielt und einen kräftigen Jauchzer tat. Zum nicht geringen Erstaunen ihres Mannes gab weit oben jemand sofort Antwort mit einem gleichen Jauchzer. Erst jetzt wandte sich die auf einer kleinen Anhöhe stehende Flüchtende um und rief ihm zu: «Kehre jetzt nur um! Das ist der Jauchzer meines ersten Mannes, und ich bleibe nicht mehr bei dir! Du hattest doch so versprochen, mich immer nur lieb und freundlich zu behandeln! Lebe wohl!»

Ja, und dabei blieb es, und die gute Fänggin, die ihm eine nicht weniger gute Gefährtin gewesen war, bekam der Undankbare nie mehr zu Gesicht!

C. Decurtins: Rätorom. Chrestomathie

Die Fänggin in der Falle

Nicht nur im berüchtigten Val Faller hielten sich so sonderbare wilde Wesen, Fänggen, auf, sondern auch im Wald des reichen Frank von Tinizong. Dessen konnte sich jener Bauer überzeugen, als er in besagtem Wald mit Holzfällen beschäftigt war.

So unvermutet wie ungerufen tauchte plötzlich eine ihrem ganzen Aussehen nach recht verwilderte Frau in seiner Nähe auf und schaute dem werkenden Manne zu. Da sie keine Anstalten machte, näher zu kommen, es ihn aber wunder nahm, von ihr zu erfahren, wer sie sei, wo und wie sie lebe, heckte er ganz im geheimen einen Plan aus. Soeben war er daran, mit Hilfe eines zünftigen Holzkeiles einen dicken Baumstrunk zu spalten, was ihm aber einfach nicht gelingen wollte. So rief er der ihm schon die längste Zeit Zuschauenden zu: «He, du scheinst wahrhaft recht stark zu sein! Komm, zeige deine Kraft und versuche, ob du imstande bist, diesen Strunk auseinander zu reissen!»

Was er sich höchstens zu erhoffen gewagt hatte, traf ein: sie kam, obschon nur zögernd, näher, und nachdem er ihr gezeigt hatte, wie sie es anstellen müsse, fasste sie mit beiden Händen im Spalt an, – doch dies hatte der schlaue Fuchs ja gewollt. Mit einem kräftigen Hieb schlug er den auch noch darin steckenden Holzkeil aus, – und die Falle klappte zu! Die Fänggin war gefangen! Sie rupfte sich fast die Arme aus dem Leib im verzweifelten Versuch, sich zu befreien, doch alles umsonst.

Er, der in diesem Augenblick im Dorf die Mittagsglocke läuten hörte und sogleich an das von seiner Frau bereitete Mittagessen dachte, machte sich kaltblütig aus dem Staube, allerdings wissend, dass er am selben Nachmittag die Arbeit wieder aufnehme, sodass er von ihr alles erfahren konnte, was er zu wissen begehrte. Bevor er aber sich zum Gehen wenden konnte, fragte ihn die Gefangene, wie er heisse. «I' mez», gab er zur Antwort, was so viel hiess wie «Ich selbst», – und fort ging er.

Natürlich begann nun die arme gefangene Wilde langsam immer heftiger die Schmerzen zu spüren. Und da sie nach neuerlichen unmenschlichen Versuchen erkennen musste, dass es kein Entweichen mehr gab, fing sie an, schrill und verzweifelt um Hilfe zu schreien. Darob aufgeschreckt, erschien sofort in der Wald-

lichtung eine ganze Schar von Fänggenschwestern, wobei, selbstverständlich deren erste Frage war, wer ihr das angetan habe.

«I mez, hat es getan! I mez!» (Ich selber)

«Ja, wenn du so dumm warst, es *selber* zu tun, so bleib nur
stecken, bis du befreit wirst!» war die Antwort der lieben
Schwestern. Dies tat der bald zurückkehrende Mann dann auch
und erlöste sie von ihren Schmerzen.

C. Decurtins: Rätoroman. Chrestomathie

Der Teufelsstein

Im Hause der Familie, die den Über- oder Spottnamen «igls Can*i*tels» trug, und das in Surt*o*cf stand, einem Dorfteil von Savognin, wohnte ebenfalls ein nicht sonderlich gut beleumundetes Weib. Sie musste eine Hexe sein, hatte sie doch ohne Zweifel selbst ihre Nichte verhext. Das musste absolut wahr sein, wusste doch der Landjäger M*e*ltger Pool – ein Enkel dieser armen Verhexten – noch viel später alle Einzelheiten dieser Geschichte zu berichten! Somit war jene «Hexe» nichts mehr und nichts weniger gewesen als die richtige Tante und Patin seiner Grossmutter!

Das Mädchen hing sehr an ihrer Patin, und da sie aber im Dorfteil Son Mitg*e*l wohnte, ging sie sozusagen jeden Abend zu ihr nach Surt*o*cf hinüber. Ja, sie liebte merkwürdigerweise ihre «Gotte» weit mehr als ihre Mutter. Vermutlich gefiel es ihr ganz besonders, weil diese ihr allerhand Kunststücke beizubringen imstande war. Wirklich wunderbare Dinge! Das erwies sich auch jenes Mal, als ihre Mutter daheim keine Milch mehr für den Kaffee hatte. O, da könne sie schon helfen, versicherte sofort das halbwüchsige Ding. Und sie rupfte an einem in der Wand steckenden Holznagel, wie alle alten Häuser viele solche besassen, um das Täfer zu befestigen. Und siehe da! – aus dem Löchlein sprudelte Milch hervor! Erst viel später wurde zufällig entdeckt, dass es sich um die Milch der Kuh eines Nachbarn gehandelt hatte. Dieser hatte sich nämlich nicht wenig gewundert, dass sein Kühlein ab und zu einfach fast keine Milch mehr hergab.

Obschon die Gotte dem Mädchen aufs allerstrengste verboten hatte, jemandem irgendein Wort über solche Sachen zu verraten, flog die Geschichte doch auf. Denn für die Mutter war es glasklar: da steckte Hexerei dahinter! Und sie nahm ihre Tochter scharf ins Verhör. Diese musste mit der Sprache herausrücken, mochte sie sich noch so sehr winden und wenden. Und da kam wirklich allerhand ans Licht.

So erfuhr die Mutter, dass die Gotte immer sonntags ihr Patenkind auf einen Spaziergang mitgenommen hatte. Zusammen seien sie taleinwärts gewandert bis zum Crap Gross, also jenem gar dicken Stein beim Pro Bursch*i*gn gelegen. Und Mal für Mal sei ihnen dort ein gar hübscher Jüngling erschienen, der aber Pferde-hufe als Füsse gehabt habe. Nicht nur hätte dieser mit der Tante wirbelnde Tänze aufgeführt, sondern sogar Katzen und manch anderes aus der Luft erscheinen lassen. Während dessen aber hätten die beiden sie geheissen, in der Umgebung und im Wäldchen Blumen zu suchen. Doch stets wenn sie zurückkam, sei der hüb-sche Jüngling dann verschwunden gewesen, und sie und die Gotte seien wieder heimzu gewandert.

Am selben Abend schon verbot die Mutter dem Mädchen mit aller Schärfe, ihre Gotte aufzusuchen. «Du bleibst jetzt hier und gehst nicht nach Surtocf!» war ihre strenge Weisung. Nur mit höchstem Widerwillen gehorchte die Tochter, da sie wusste, ihre Patin könne sich das einfach nicht erklären, warum sie aufeinmal nicht mehr zu ihr komme.

Ohne einen Augenblick zu zögern eilte die Mutter ins Pfarr-haus und berichtete alles dem guten Pater Gaetano, einem sehr frommen Manne. Offenbar hatte dieser schon seit etlicher Zeit etwas von der Sache gewittert. Bevor er aber seinen Rat erteilte, führte er selber eine Woche strengsten Fastens und Betens durch. Erst dann wies er die Mutter an, man solle das Mädchen zu ihm in die Kirche bringen. Aber sogar vier starke Männer hatten alle ihre Kraft aufzubieten, um die sich windende und wehrende, to-bende, kratzende und wüste Flüche ausstossende Göre vor den Altar zu schleppen.

Dort las der Pater, angetan mit den geweihten Gewändern, mit fester Stimme aus einem ganz besonderen und uralten Buche die eigens für die Austreibung böser Geister verfassten Gebete, wäh-rend sich die offenbar doch Besessene nach wie vor und noch wilder aus den fesselnden Fäusten zu befreien versuchte. Schliess-lich fragte der Priester nach dem Namen des bösen Geistes, wel-cher ja nur jener sein konnte, der jeweils als hübscher Jüngling erschienen war. Da habe sich das tobende Ungeheuer aber gera-dezu aufgebäumt und einen markdurchdringenden Schrei in die Kirche hinausgebrüllt: «Bèbèbè!»

Und im selben Augenblick hörten die Anwesenden einen fürch-terlichen, wie von rasselnden Ketten verursachten Krach, konn-ten aber auch deutlich sehen, wie der Ungeist aus dem Mädchen entwischte, und zwar als dicker Rauch und schrecklich nach Schwefel stinkend. Das Kind aber war befreit! Völlig erschöpft sank es zu Boden.

Seither aber sei es nie mehr dasselbe Mädchen gewesen, hätte merkwürdig tief im Kopf versenkte Augen gehabt, und zeitlebens habe man es nie mehr lachen gesehen. Ganz glücklich wurde es auch nie, obschon es später einen guten Mann fand und sie nette Kinder hatten.

Ja, dies alles hat also später ihr Enkel zu berichten gewusst, und auch den Schluss der Geschichte: die Hexe von Surtocf aus dem Hause der Canìtel sei noch am selben Tag verhaftet, abgeurteilt und bei jenem dicken Stein gegenüber dem Hügel von Padnal auf dem Scheiterhaufen verbrannt worden. Seither heisst jener Stein «igl crap digl diavel», der Teufelsstein.

Deta Novi-Wasescha, in Pagina da Surmeir, Februar 1960

Der Geist im Butterfass

Wie jeden Herbst üblich, waren auch dieses Jahr die meisten Bauern von Sur noch mit ihrer Viehhabe auf dem Hochsäss Flix geblieben, um das im Sommer eingeheimste Heu zu verfüttern. Tagsüber gab es noch so vieles zu besorgen, vor allem den Holzvorrat zu ergänzen und die Wiesen zu düngen. Dabei freute sich jeder schon auf den Abend, denn zu einem allen gar lieb gewordenen Brauch gehörte es, dass man nach Besorgung der Tiere in einer der gemütlichen Stuben zusammensass, einen währschaften Jass klopfte und – allerhand Geschichten zum Besten gab, mit Vorliebe solche, die in der Magengegend jenes gewisse Kribbeln verursachten und am Rücken fast ein Bächlein eiskalten Schweisses hinunterrieseln liessen.

Das war auch heute nicht anders gewesen. Bis *o*nda Tena, – die während jener Herbstwochen hier oben ihrem Mann den Haushalt besorgte – fand:

«So, jetzt mag es genug sein mit eurem Geflunker!» mahnte sie. «Nicht, dass sich der eine oder andere noch fürchtet, ganz allein die Nacht auf seiner Pritsche zu verbringen! Lasst uns nun besser den üblichen Rosenkranz beten!»

Der onda Tena zu widersprechen wagte doch niemand, und den schönen Brauch, den Tag mit dem gemeinsamen Gebet zu beschliessen, auch nicht zu unterlassen. Die andere Mahnung von Frau Tena aber, wegen dem Fürchten, das sollte sich nur zu schnell als wahr erweisen beim Jüngsten der Runde, der Gion Tumasch gerufen wurde und der am äussersten Rand des Maiensässes Hütte und Stall hatte.

Gleich nach dem letzten «Requiem aeternam» – jenem frommen Gebet: «Herr, gib den Seelen der Abgeschiedenen die ewige Ruhe!» – wurden die Talglichter angezündet, man wünschte einander eine gute Nacht und suchte jeder sein warmes Nachtlager auf. Nicht anders unser Gion Tumasch. Nur schien es, als prüfe er heute doppelt, ob der Holzriegel der Türe wirklich eingeschnappt habe. Dann vertraute er sich dem Strohsack seiner Pritsche an.

Doch kaum die Zehen ausgestreckt, wurde er auf ein merkwürdiges regelmässiges «Tuc-Tuc – Tuc-Tuc» aufmerksam. Was, zum Gugger, mochte dies sein? Sogleich war er ganz Ohr. Und wieder nach einer kurzen Stille: «Tuc-Tuc – Tuc-Tuc». Dann nichts mehr.

Dem bereits ein gewisses Gruseln Verspürenden gehen nämlich sogleich die am Abend gehörten schaurigen Geschichten von Geistern und Hexen wirr durch den Kopf, und er verspürt bereits ein leichtes Schwitzen. Da hilft es auch nicht, dass ihm die Worte seines alten Lehrers einfallen, der ermahnt hatte, ja nicht hinter allem Merkwürdigen sogleich Hexenwerk zu wittern! Nein, nein! Denn sozusagen alles finde eine sehr natürliche Aufklärung, man solle nur den Mut aufbringen, der Sache auf den Grund zu gehen. Aber jener hatte gut reden! Er war jetzt nicht hier und musste nicht dieses unheimliche «Tuc-Tuc» hören! Weiss wahrlich Gott, was das sein mochte!

Der arme Gion Tumasch weiss nichts Besseres vorzukehren, als sich die Bettdecke bis über die Ohren heraufzuziehen und so nichts mehr von diesem Klopfen zu hören. Vergebens. Wie das regelmässigste Ticken einer Wanduhr folgt in einem ebenso regelmässigen Abstand ein Tuc-Tuc dem anderen.

Sollte aber der gute Schulmeister halt doch irgendwie Recht gehabt haben? Dass trotz des Unheimlichen an der Sache nur etwas – hier zwar immerhin Unerklärliches, – aber doch sehr Natürliches, Irdisches dahinterstecke?

Es dauerte lange, aber dann reifte in dem vor Spannung fast einer Explosion nahen Burschen doch die Überzeugung, etwas wagen zu müssen. Vorsichtig suchte er, jedes Geräusch vermeidend, die Zündhölzer, um das Talglicht zu entzünden, zog Socken, Hosen und Schuhe an, wappnete sich mit einem dicken hinter dem Ofen liegenden Prügel. Erst dann hatte er den Mut, die Türe der Kammer zu öffnen, entdeckte in der Stube aber nichts Verdächtiges. Nur von irgendwoher tönte halt nach wie vor regelmässig das verfluchte Tucken.

Ihm kam doch der gute Gedanke, auch die Haustüre offen zu halten, für den Fall, dass er flüchten müsste. Denn das Klopfen wollte und wollte nicht aufhören. Aber schon meinte er, doch feststellen zu können, dass es einzig vom Keller heraufdringen könne. Den Prügel fester fassend, aber auch den letzten Mut zusammenreissend, öffnete er vorsichtig die nach unten führende Türe, – spähte hinunter, – wagte Stufe um Stufe zu nehmen, – hielt an, – lauschte –. Und schon fiel ihm ins Auge, dass sich dort hinten etwas bewegte, just in diesem Augenblick ein «Tuc-Tuc» verursachend: das dort abgestellte Butterfass! Gion Tumasch wartete aber doch die nächste Wiederholung ab, bis er sich ein erleichterndes Aufatmen gestattete und wagte, der wirklichen Ursache auf den Grund zu gehen. Und was musste er feststellen? Durch die grosse Öffnung ins Innere des Butterfasses spähend, entdeckte er – nichts als ein armes Mäuschen, das sich verzweifelt und rastlos bemühte, nach oben zu kommen um aus dem Loch zu entschlüpfen, durch das es hinein- und hinabgefallen sein musste, weil es seine Neugier nicht zu zügeln vermocht hatte! Aber da die Wände allzu glatt waren, rutschte es stets wieder zurück, was auch das Butterfass in seine Ruhelage zurückrollen liess, – wobei einzig die durch einen schwingenden Stöpsel erfolgende Berührung der Wand das unheimliche Tuc-Tuc verursachte!

Natürlich befreite der erlöste Tumasch das arme Ding, – aber *seine* Geistergeschichte löste am folgenden Abend ein nicht endendes Gelächter aus!

Mila Gschwind-Cotti in Igl Noss Sulom 1965

Er begegnete dem Grando!

Vermutlich war es das Ereignis mit dem Geist im Butterfass, das den braven Gion Tumasch sich auf einmal einer Geschichte erinnern liess, die ihm sein lieber «tat», sein Grossvater, erzählt und der es noch als Bub höchstpersönlich erlebt hatte. Jedenfalls musste er damals bereits ein stämmiger Bursche gewesen sein, sodass man im Herbst jeweils ihn mit der Aufgabe betraut hatte, Abend für Abend auf das Maiensäss Flix hinaufzusteigen, um ihre kleine Viehhabe zu betreuen. Allerdings liess sein Vater dort nur das Galtvieh aussömmern, waren also keine Kühe zu melken. Tagsüber konnten sich die Tiere im Freien tummeln um die restlichen sonnigen Tage auszukosten; die bereits kühlen Nächte verbrachten sie aber im Stall. Dies tat dann auch der Bub im Kämmerlein ihrer Alphütte, – genau gleich, wie jetzt noch sein erwachsener Enkel. Nur musste jener damals am Morgen jeweils wieder ins Dorf hinunter und in die Schule.

«Ja, ja», begann jetzt sein Enkel Gion Tumasch, «so wie es mein «tat» berichtet hat, stand er noch als alter Mann unter dem Eindruck einer als Bub, und genau hier, erlebten Geistererscheinung. So hört nur:

Stämmiger Bursche, wie er schon in den letzten Schuljahren gewesen sei, habe er hier oben jeden Abend ihre kleine Viehhabe versorgen müssen. Aber an dem schon damals üblichen abendlichen Stelldichein aller bei einem Nachbarn durfte er als Minderjähriger noch nicht teilnehmen. Schon gar nicht jenes Mal, als die ganze erwachsene Jugend des Dorfes heraufgekommen war, um hier in einer der Stuben bei Wein und Tanz einen fröhlichen Abend, ja, gar die Nacht durchzutanzen. Und dabei hätte er doch gerne wenigstens durch einen Türspalt einen Blick auf das lustige Treiben geworfen und der Musik des Handörgelers zugehört. Nein, das hatten sie ihm deutlich verwehrt.

Sich nach einigem Ringen mit sich selbst trotzdem überredend, doch vom Vergnügen der anderen etwas zu ergattern, schlich er zu jener Alphütte hinüber. Unbemerkt in den Gang vor deren Stübchen gelangen konnte er aber nur durch eine Türe im Stall, in den er zwar ohne Mühe hineinkam, doch feststellen musste, dass der Durchgang von innen mit einem Balken verrammelt war. Vergebens versuchte er, diesen durch Drücken wegzusprengen.

Aber im selben Augenblick geschah es. Irgendwo oben im Heuboden gab es einen Knall, was beim Buben blitzartig die Erinnerung auslöste an das, was auch er schon erzählen gehört hatte: dass es in diesem Stall spuke! Und zwar durch ein herumgeisterndes Unwesen, das man allgemein «igl Grando» nannte, was soviel hiess wie «der Grosse, der Riese».

Sapristi! – sei es ihm durch die Glieder gefahren. Was sollte er bloss tun, wenn nun plötzlich dieser Grando erschiene? Und als ob dies die Antwort darauf wäre, hörte er auf dem Heuboden über dem Stall ein kurzes, aber fürchterliches Poltern. Der Bursche spürte deutlich, wie seine Hosen nass wurden. Da gab es nur eines: fort, zur Stalltüre hinaus! Aber oha, – der Weg wurde ihm durch ein Ungetüm versperrt, – der Grando! Er stand mitten im Mittelgang, – ein Klotz, auf dem Kopf einen breiten Hut, ein feuerrotes Tuch um den Hals.

Grossvater sei wie versteinert gewesen, unfähig, einen Finger zu rühren. Sich an einen frommen Brauch erinnernd, versuchte er, sich zu bekreuzigen. Vergeblich! So machte er den Versuch, mit der Zunge im Mund ein Kreuz zu machen. Auch vergeblich, denn diese schien völlig eingetrocknet zu sein!

Trotz der Erstarrung aller Glieder und dem vor Angst zugeschnürten Hals brachte er es nach einer Weile doch fertig, langsam zurückzuweichen, – und da geschah das Unerwartete, – unter einem furchtbaren Knall war der Mann verschwunden! Dies erfassend, wollte Grossvater zur Stalltüre hinausstürmen, – doch sogleich war der Schreckliche wieder da und versperrte ihm den Ausgang. Ob man es glaube oder nicht, – dies sei dreimal nacheinander geschehen!

So möge man sich nur die verzweifelte Lage des Grossvaters vorstellen. Er versuchte dem Scheusal auszuweichen, indem er zurückwich, – aber Schritt für Schritt rückte ihm der Böse nach. Bis Grossvater mit dem Rücken an jene zum Wohnraum hinausführende Türe stiess. Im selben Augenblick wurde er aber mit gewaltiger Wucht gegen diese Türe geknallt, dass ihm Hören und Sehen verging, und er samt der Türe in den Gang vor das Stübchen hineingeschleudert wurde.

Erst dieses grausige Krachen hatte die Musik drinnen übertönen können. Jedenfalls brach sie ab, und etliche der Tanzenden rissen die Stubentüre auf um nach dem Grund zu sehen. Wieder etwas gefasst und des Sprechens fähig, musste Grossvater natürlich sofort den ungläubig Dreinschauenden von seinem schrecklichen Erlebnis berichten.

«Haa, kommt! Dem Scheusal wollen wir es zeigen!» hätten einige starke Burschen gerufen. Grossvater aber: «Nein, nein! Um Gotteswillen nicht!» Sodass sie es doch unterliessen. Dies aber auch, weil man im selben Moment im angebauten Stall ein fürchterliches Krachen hörte, – und im Stall nebenan ein gewaltiges Geschelle von Kuhglocken wie von einer riesigen Herde, – dann völlige Stille.

Muss man es noch sagen? – dass nun alle genug hatten von ihrem Tanzvergnügen, – man brach sogleich auf, um heimzukehren, – und Grossvater wagte auch nicht, allein bei seinen Tieren zu übernachten und ging mit!

Mila Gschwind-Cotti im Igl Noss Sulom 1970

Was nicht schon alles geschah!

Gar nicht nur schwarze Mächte der Unterwelt oder böse Menschen, nein sogar die Natur kann einiges auf dem Gewissen haben. So wie es selbst die dank ihrem himmlisch blauen Auge ganz unschuldig gegen den ebenso blauen Himmel strahlenden kleinen Bergseelein zu tun imstande sind!

Also wird erzählt, im Lai neir, dem «schwarzen See» auf Alp Flix sei einst eine Kuh versunken, als sie daraus trinken wollte. Nichts mehr sei von ihr gefunden worden, hingegen im folgenden Frühling ihre Glocke, – doch weit entfernt, nämlich im Seelein des gegenüberliegenden Val Faller!

Irgend eine böse Kraft habe einmal die beiden Seen Atgeas und La Rosna derart in Aufruhr versetzt, damit sie eine Rüfe ins Rutschen brächten, welche das ganze liebliche Dorf Sur ins Tal hinunterschwemmen sollte. Glücklicherweise befand sich aber gerade an jenem Tag ein frommer Bruder im Ort. Dieser war mit besonderen Gnaden ausgestattet, weil er oft und streng fastete, dadurch für die Sünden schlechter Menschen sühnend. Und er schlief stets und überall nur in dem bei der Kirche liegenden Beinhaus, um da beten zu können für die ewige Ruhe der armen Seelen, die einst diese Knochen belebt hatten. Diesem frommen Mann gelang es, die Rüfe schon beim Platta-Tor zu stoppen, wo sie eine Felswand hinunterrutschte und im Boden einen gewaltigen Spalt verursachte, welcher heute noch sichtbar sein soll.

Zwischen Splidatsch und Pramiez vor Marmorera befand sich La fora digl tgang d'Arodes, was nichts anderes war als «das Loch des Hundes des Königs Herodes». Dieses «Loch» ist jedoch eher eine schmale aber lange Vertiefung im Gelände. Und an ihr haftet die Sage, einst sei ein Hauptmann dieses unwürdigen Herrschers mit seinen Schergen über den Septimer ins Land hereingedrungen, um zu plündern und zu morden. Die verängstigten Bewohner von Marmorera hätten sich in dieser bergenden Vertiefung versteckt, dort ängstlich auf den baldigen Abzug der bösen Horde hoffend. Die Schergen aber wollten um jeden Preis die Leute erwischen, und obschon sie sämtliche Wälder und Gehöfte der Umgebung absuchten, gelang es ihnen nicht. Leider aber nahm der verfluchte Hund des Führers irgendwo die Fährte der Geflüchteten auf, und das Versteck war verraten. Gar böse erging es den armen Leuten, gar bös!

Stets im Monat August, also mitten in der Zeit der Alpsömmerung, begaben sich die Bauern von Tinizong auf ihre Alp im Val d'Err, um den Milchertrag ihrer Kühe zu messen. Es war schon ordentlich spät geworden, als ein Bauer namens Fidel den Pfad nach seinem Maiensäss in Castelas einschlug.

Ganz unverhofft vernahm er hinter sich seinen Namen rufen: «Fidel*in*! Fidel*ot*!» Und nach einem Unterbruch wieder: «Fidel*in*! Fidel*ot*!» Und immer wieder. Endlich nahm er doch allen Mut zusammen und warf verstohlen einen Blick zurück. Aber im selben Atemzug wurde ihm aus der unterdessen hereingebrochenen Dunkelheit heraus eine saftige Ohrfeige verabreicht. Obschon er nirgends eine Menschenseele zu entdecken vermochte. Der gute Mann bestand felsenfest darauf, das sei «igl ful*et*», das so heimtückische Töggeli gewesen.

Wahrhaft mit unerklärlichen Kräften und Fähigkeiten müssen zumindest gewisse als Hexen verschrieene Weibspersonen ausgestattet gewesen sein. Ob sie diese aus jenen dicken Büchern erlernt hatten, wie früher solche scheinbar in manchem Haus zu finden waren und welche die Leute meist von einem durchreisenden Schüler der schwarzen Kunst erworben hatten, liess sich später nicht mehr mit Sicherheit sagen. Berichtet wurde es jedenfalls. Meist waren diese verwünschten Frauen ihrerseits aber von einer alten Hexe in das Handwerk eingeweiht, oder auch schon als Kinder mit der Kunst des Hexens vertraut gemacht worden. So heisst es, schon in alten Zeiten hätte in Savognin eine Art Kindergarten bestanden, eine Kleinkinderschule. Jenes betagte Weibsbild aber, das sich anerboten hatte, die Kleinen zu betreuen, wurde «tschalar*era*» genannt, und sie sei eindeutig eine Hexe gewesen und habe unter anderem Teufelszeug den Kindern auch beigebracht, wie man das Wetter beeinflussen, Regen oder Sonnenschein machen könne.

Möglicherweise war auch sie jenes Hutschelweib, welches sich dann einmal unter Lachen doch selbst verraten hatte indem sie prahlte: Ohoo sie könne mühelos einen Mocken Butter in die Bratpfanne geben, dann flugs nach Chiavenna hinunterhuschen, um dort die Zwiebeln zu kaufen, – und noch bevor die Butter überhaupt siede, sei sie schon zurück! Dieses Kunststück führte sie scheinbar sogar einer Nachbarin vor.

Und als eine andere Nachbarin einmal ihre Stube betrat, fand sie das Hexenweib auf der Ofenbank sitzend und ständig an einem zu einer Wurst verknäuelten Handtuch drehen und drehen, als ob sie davon Wasser auswringen möchte. Auf die erstaunte Frage nach diesem merkwürdigen Gebaren erwiderte sie ganz ernsthaft: sie melke soeben die Kühe des Peterelli von Savognin, – obschon dessen Stall sich in weiter Entfernung befand.

O ja, was ist nicht schon alles geschehen selbst in diesem kleinsten Winkel dieser buckligen Welt! Und wenn auch nicht alles wirklich «so geschehen ist wie erzählt», so mag doch im Meisten davon jenes Bisschen Wahrheit stecken, das es zumindest einwenig glaubhaft werden lässt!

G.P. Thöni: Detgas e badoias, (Sagen und Geflunker) im Igl Noss Sulom 1960

Von Tapferkeit und Versagen

Weil sich auch die Jäger des Oberhalbsteins – trotz der längst aussichtslosen Lage der armen Heimat – durch die Volksführer hatten anstiften lassen, den ins Land gedrungenen Franzosen Widerstand zu leisten, war ihre Rotte bis nach Lantsch hinuntergezogen, um schon dort den über die Heide heranrückenden Feinden die Stirn zu bieten. Bei Vazer*o*l, jenem ehrwürdigen Ort, wo sich einst die Drei Bünde zu einer festen Gemeinschaft zusammengeschlossen haben sollen, kam es zum Treffen. Wobei die Rotbehosten mit einer ersten kräftigen Salve eher nur in die Wolken schossen, um die tapferen Jäger einzuschüchtern, sodass vorerst noch niemand von diesen zu Schaden kam. Nur der Anführer der Surs*e*tter habe einen Streifschuss in die Wade erhalten, sodass immerhin rotes Blut daraus floss.

«Ohoo, da ist es nicht lustig, gehen wir lieber heim!» soll er darauf seiner Rotte zugerufen haben, rechtsumkehrt gemacht und talwärts gegen Tiefencastel gehumpelt sein, seine ganze tapfere Schar ihm nach.

Aber auch die Franzosen ihnen auf den Fersen! Sodass es diesen im Sturmschritt gelungen sei, sich in Tiefencastel der befestigten Brücke über die Albula zu bemächtigen und sich dadurch mühelos den Zugang ins Oberhalbstein zu sichern. Diesen wichtigen Übergang zu verteidigen gelang also nicht, und ihn noch beizeiten zu erreichen und sich zu retten war aber auch einem Teil der Jäger nicht mehr gelungen; sie mussten sich auf Waldpfaden nach Solis durchschlagen, die dortige Brücke überqueren und dann über Stìerva ins Heimattal zu gelangen versuchen. Dort hätten sich aber alle schleunigst in brave Bauern verwandelt und sich ganz unschuldig auf dem Feld zu schaffen gemacht, sodass es aussah, als hätten sie wirklich nie Hacke und Sense mit einem Schiessprügel vertauscht gehabt!

Die unmittelbare Folge dieses Versuches, den Rothosen Widerstand zu leisten, war dann, dass deren Führung sogleich für das ganze eroberte Land die Weisung herausgab, es seien sofort alle Waffen abzuliefern. O je, wie dies bei so vielen Jägern geradezu den Lebensnerv traf! Haus für Haus, Stall für Stall wurde von Streifen mit Luchsaugen untersucht, ob nicht doch irgendwo eine Flinte versteckt worden war.

Unter allen Umständen wollten und mit jedem Kniff versuchten die Franzosen herauszufinden, wer von diesen Jagdgesellen sich ihnen in Vazerol entgegengestellt hatte. Aber überall stiessen sie auf stumme Mauern. Nein, einzig in Savognin soll sich ein Judas gefunden haben, ein mieser Kerl, der offenbar die Gelegenheit witterte, sich jetzt durch niederträchtigen Verrat an seinem Nachbarn zu rächen, weil sie wegen Grenzsteinen im Streit lagen. Natürlich wusste der Schmutzfink noch nicht, was das für Folgen haben sollte.

Er, einwenig der Sprache der Feinde mächtig, weil er einmal dort in fremden Diensten gewesen war, hatte sich auch sogleich bei den Rothosen einzuschmeicheln versucht. Und als deren Hauptmann die versammelte Reihe der zusammengetrommelten Männer abschritt, habe jener saubere Nachbar ihm durch Augenzwinkern zu verstehen gegeben, *dieser da* sei einer davon gewesen. Schon am nächsten Morgen früh schnappten ihn zwei Solda-

ten, eben als er den Stall verliess, nachdem er seine Viehhabe gefüttert hatte und nun ins Haus wollte, um zu Morgen zu essen. So wie er war, noch in der Stallkleidung, wurde er nach Thusis abgeführt, dort vor Kriegsgericht gestellt und sofort zum Tod verurteilt. Noch am gleichen Tag fiel er unter den Kugeln der französischen Flinten.

Auf dieselbe Art griffen französische Soldaten in Del einen friedlich bei der Feldarbeit beschäftigten biederen Bauern auf, führten ihn weg in Gefangenschaft, ohne dass seine Angehörigen etwas davon sahen und hörten und erfuhren, wo er sich befinde. Bèl, wie die Leute ihn nannten, sei erst nach langen drei Jahren wieder nach Hause zurückgekehrt, – kaum bekleidet und ganz ausgehungert!

Ja, ja, diese böse Franzosenzeit! Haben auch die Bivianer zur Genüge zu spüren bekommen, insbesondere, weil just da der Zusammenprall der beiden grossen Feinde, Österreicher und Franzosen, besonders hart war, der hartnäckige Kampf um die Beherrschung der beiden von da ausgehenden Passübergänge. So ist es begreiflich, dass fast niemand unter der Besetzung derart zu leiden hatte, wie das arme Bivio. Besonders im Winter, wenn die Bauern gezwungen wurden, den Bergweg von den oft riesigen Schneemassen freizuschaufeln, während andererseits auch Männer aus der ganzen Talschaft mit ihren Ochsengespannen Material und Kanonen ins Engadin und zurück befördern mussten.

Nicht geringen Schrecken verursachten die ins Land gedrungenen Eroberer lange Zeit bei den braven Haushälterinnen, weil sie unvermutet ins Haus einfielen und dabei fuchtelnd und drohend «du boir! du boir»! schrien. Die Sprache der Räuber halt nicht kennend, verstanden dabei sehr viele: «sbuar! sbuar!», was «abreissen» bedeutet und sie es voller Schrecken so deuteten, die Rohlinge möchten das Haus und alles darin kurz und klein schlagen.

Und doch geschah ab und zu Unglaubliches, so zum Beispiel, dass jemand es wagte, ausserordentlichen Wagemut zu zeigen! In Stalveder, einem Vorhof von Bivio, hatte sich eines Abends eine ganze Kompanie Franzosen im Heugaden von Andreia Stgìer, einem Bauern von Beiva, einquartiert. Als dieser davon vernahm, rannte er unverzüglich hinunter, griff sich einen Franzosen nach dem anderen an den Beinen aus dem warmen Heu heraus, warf sie zum Tor hinaus und verriegelte dieses. Noch halb vom Schlaf benommen und derart aufgeschreckt von der Kraft eines solchen Mannes wagte buchstäblich keiner, sich zur Wehr zu setzen, – wer weiss, möglicherweise dadurch noch mehr eingeschüchtert, weil Andreia eine rote Kappe trug.

Voller Stolz über seinen Sieg kehrte der mutige Bivianer ins Dorf zurück, um es mit einem guten Gläschen Veltliner in der Wirtschaft von Tante Angelina zu feiern. Dort sass soeben auch Richter Gian Ghisletto, und um sich einen Spass zu erlauben, tauschte Andreia seine rote Mütze mit der des andern. Fast stolz über seinen neuen Kopfschmuck schritt der Richter anderntags das Dorf hinunter, als unerwartet ein Peloton Franzosen, von Stalveder heraufkommend, auftauchte. Sie stutzten, parlierten heftig untereinander, und flugs ergriffen sie den verdutzten Ehrenmann, banden und stellten ihn an die nächste Hauswand, um ihn zu erschiessen. Alles Schreien und Protestieren der zusammengelaufenen Nachbarn war fruchtlos. Erst dem auch herzugeeilten Prädikanten, der glücklicherweise fliessend Französisch sprach, gelang es, den Irrtum aufzuklären und des Verdächtigten völlige Unschuld an jenem Rausschmiss zu beweisen. Den wahren Schuldigen aber habe jener nicht verraten.

Erst Jahre später, als sich die Kriegsgewitter verzogen hatten, wagten die beiden Kappenwechsler im Kreise einer fröhlichen Gesellschaft, öffentlich den wahren Sachverhalt zu verraten und auf den damaligen Sieg über die Rothosen anzustossen, – durch die Freunde aber vor allem ihre beiden Grosstaten – beides beste Beweise ihrer tapferen Gesinnung – hochleben zu lassen!

Ja, ja, nicht ohne Grund haben die so zahlreichen Geschichten und Sagen im Zusammenhang mit der bösen Franzosenzeit einen derart reichen Niederschlag zurückgelassen!

C. Decurtins: Rätoroman. Chrestomathie

Gottes gerechte Strafe

Nicht mit Hexerei in Verbindung gebracht, sondern vielmehr als eine Strafe für unrechtes Tun, muss die Geschichte um das Isländisch Moos angesehen werden, jenes Krautes, das selbst im besten Sommer nie ein saftiges Grün zu zeigen vermag; immer ist und bleibt es ein armseliges, dürr und verwelkt erscheinendes Gewächs.

Das sei wirklich nicht immer so gewesen, o nein. Dieses «bisetga», wie es in unserer Gegend genannt wird, war einst ein von Bauern und Älplern überaus hoch eingeschätztes und verehrtes Alpenkraut. Sein saftiger Gehalt sei damals von derartiger Wirkung gewesen, dass die Kühe dank ihm dermassen reichlich Milch gaben, dass man sie sogar dreimal am Tag melken musste, so gesegnet war das Kraut.

Schuld daran, dass dieses Goldkraut dann zu einem armseligen und sozusagen leblosen Geschöpf herabgewürdigt wurde, sei eine Zusennin auf irgendeiner unserer Alpen gewesen. Sie muss ein recht leichtfertig Ding gewesen sein, das die Gedanken und Begehren mehr bei Tanz und Vergnügen hatte, als bei gewissenhafter Arbeit. Darum lief sie bei jeder Gelegenheit nach dem abendlichen Melken ins Dorf hinunter, wenn dort eine Belustigung angesagt war. Und sie begann besonders dieses verwünschte Kraut zu verfluchen, welches die Schuld trage, dass sie stets viel zu früh die vergnügliche Gesellschaft verlassen musste. «Wenn nur der Teufel es einwenig verdorren liesse!» soll sie mehr als einmal gewünscht haben.

Wie sich nur allzubald zeigen sollte, trugen ihre Verwünschungen gar böse Früchte: das bisher so segenspendende Kraut begann nämlich zu verwelken und schliesslich zu dem zu verdorren, was es heute leider immer noch ist: «bisètga», was sogar «doppelt-dürr» bedeutet!

Dass mit Gottes Gaben ja nicht Schindluderei getrieben werden solle, beweist nicht weniger der über die Kornähren verhängte Unsegen. Früher seien diese ganz anders dick und üppig gewachsen gewesen als heute, fast halb so lang wie heute nur der Halm! Daher habe es Brot in Überfluss gegeben und nie, gar nie daran gemangelt. Ja, derart reichlich, dass die Mütter sogar den sammetweichen Brotteig dazu verwendeten, um ihre Kinder zu säubern. Ein solcher Missbrauch aber ging dem Geber der Nahrung doch zu weit, und er liess die Ähren immer kümmerlicher wachsen, immer kürzer und dünner. Einzig aber aus Erbarmen mit den Kindern schenkte er die Gnade, dass die Ähren doch auch fortan noch einwenig Nahrung gaben, indem sie immerhin Länge und Dicke eines dünnen Fingers behalten durften.

C. Decurtins: Räroroman. Chrestomathie

Was Hexen alles gebeichtet haben

Ja, ja, – das haben sie wirklich getan. Aber über ihre Schandtaten ausgeplaudert haben sie stets nur, wenn sie in die Zange genommen, das heisst: vor das gestrenge Gericht gestellt, einem schonungslosen Kreuzverhör unterworfen und womöglich der mörderischen Folter ausgeliefert wurden [33].

Je, was hat man nicht alles aus der armen «Ònna de Gion Florin Gionino» von Marmorera herausgepresst! Und dabei hielt sie sich weder für besser noch für schlechter als viele andere ihresgleichen, sodass sie vor Gericht sogar als Erstes zu Protokoll geben konnte:

«Dass Ihr nur wisset, – sollte ich als Hexe verklagt ins Gefängnis geworfen werden, so möchte und könnte ich auch fast sämtliche Frauen von Marmorera dort hineinbringen, seien sie gut oder schlecht!»

Dann aber kamen doch – von entsprechenden Zeugen belegt – vor allem ihre eigenen Schandtaten ans Tageslicht, unbekümmert darum, dass sie vorher angedroht hatte, selber über andere auszupacken. Zum Beispiel:

Erst vergangenen Monat sei es gewesen, dass sie mit diesem nun gegen sie aussagenden Lump in einen heftigen Streit geraten sei, ihm aber nur mit Vergeltung gedroht habe, – nur gedroht! Nun sagten aber Zeugen aus, kurz darauf sei der beste Ochse dieses Mannes krank geworden!

Ganz unmissverständlich belastet wurde diese Ònna durch zwei erst letzthin verurteilte Zeuginnen, die aussagten, sie sei eine Hexe und habe ja mit ihnen zuammen allerhand Schurkereien getrieben! Sie allesamt seien ohne weiteres imstande gewesen, in Blitzesschnelle zu all jenen Orten hinzugelangen, wo ihre «ballarots», ihre Hexentänze abgehalten wurden. Schon Ònnas Mutter habe eine Büchse mit einem Pulver gehabt, das sie unter dem Stuhl des Jörg verstreute, um ihn zu verhexen, sodass er mit ihnen zusammen an all jene Orte flog und mit ihnen tanzte.

Gemeinsam hätten sie auch ein Ross zugrunde gerichtet, indem sie es mit einer Salbe einrieben. Desgleichen seien sie zu Dritt auf einem starken Stecken wie der Wind zu den Alpweiden hinaufgeritten, hätten dort Rosse und anderes Vieh zum Verenden gebracht und wären im Nu wieder unten gewesen.

Das alles hat die genannte Ònna ohne Folter zugegeben. Auch dass sie viele böse Unwetter mit Sturm und Hagel hergezaubert hätten, indem sie an die Berghänge hinaufgingen, dort mit den Händen im Wasser der Bäche plantschten, was die Wolken in Aufruhr versetzte und diese Ströme von Wasser heruntergossen.

Ganz ohne Zwang verriet sie sogar die Orte, wo die nächtlichen «ballarots»-Orgien abgehalten wurden, alle in der gut bekannten Umgebung: auf Motta Cruschetta, Prà Pantun, Clavasuot, Las Reits, Tgamps, auf Nattons, Plan Chamfèr. An all diesen Orten, wo sie miteinander tanzten, hätte Beelzebub jeweils schöne Häuser hergezaubert gehabt. Und mit ihnen zusammen sei auch jene Person mit Namen «etzetera» dabei gewesen. Ein Geiger, von ihr ebenso «etzetera» genannt, habe ihnen aufgespielt, und mit ihm habe sie ebenfalls getanzt, und die «ballatrottada» sei höllisch lustig gewesen.

Warum solle sie nicht zugeben, dass man an einem dieser Tanzorte auch einen prächtigen Tisch vorgefunden habe, mit Silbergeschirr darauf und schönstes Besteck, Speise und Trank im Überfluss. Der Teufel persönlich habe ihr zu trinken gebracht, sie ihm auch, aber nachher schienen sowohl diese Speisen wie der Wein scheusslich zu stinken. Am Schluss sei da nichts mehr gewesen, und alle wollten fort, nur ihre Mutter und die Susanna nicht.

Es sei jetzt 11 Jahre her, seit sie zaubern gelernt habe. Und gleich darauf hätte sie zusammen mit der anderen Person, deren Namen «etzetera» sei, gemeinsam den gesalbten Stecken benützt, um damit an die Nachtfeste zu fliegen.

Ja, versicherte jemand des Gerichtes, dieser Stock sei sogar gefunden worden. Und Ònna bejahte, es sei wirklich dieser, den sie auch immer verwendeten, um an andere Orte hinzuhuschen und Schäden anzurichten. Wenn es jeweils Zeit gewesen sei, zum nächtlichen Stelldichein zu fliegen, sei stets ihre Mutter gekommen, um auch mit ihnen auf diesen Stecken zu steigen, und zu Dritt waren sie blitzschnell an jenem Ort. Jene Person namens «etzetera» tanzte mit Susanna und mit ihr, Ònna, auch mit ihrer Mutter. Wie immer gelangten sie wie der Blitz wieder heim, sodass niemand es bemerkte, und den Stock mit Salbe eingerieben habe jeweils Ònnas Mutter.

Weit schwerer wog allerdings das Böse, das sie da und dort anrichteten. So selbiges Mal, da sie des Andreia Dottesem beide Kinder dadurch verhext hatten, indem sie eine gewisse Salbe und ein bestimmtes Pulver in ihre zwei Bettchen legten, – Salbe, die Ònnas Mutter in einer Büchse, das Pulver in einem Schublädchen aufbewahrte. Infolgedessen starb das Mädchen des Andreas, das Büblein aber sei durch Gottes Hilfe und dank den Gebeten der Priester geheilt worden.

Schlimm genug war auch, dass besagte Susanna zusammen mit den beiden bereits Verurteilten und jener Person, die «etzetera» genannt wird, imstande waren, sich in Katzen zu verwandeln, und als solche schlüpften sie zu allen Zeiten und an beliebigen Orten durch jedes Loch, und niemand sah sie und niemand merkte etwas! In gleicher Gestalt drangen sie einmal alle durch die Läden der Spense, der Vorratskammer, ins Haus des Andreola, und durch Streuen von Pulver und Bestreichen mit Salbe im Bettchen seines Sohnes machten sie ihn so krank, dass er starb ...

Des weiteren hat diese genannte «honna» gestanden, dass sie gemeinsam mit diesen beiden schon Verurteilten und jener Person namens «etzetera» einen Ochsen des Gian Salvester zugrunde gerichtet haben indem sie Pulver in die Krippe streuten. Desgleichen hätten sie mit diesem Pulver die Wiesen bestreut, ebenfalls die Bergwiesen und Alpweiden, sodass dort kaum mehr Gras gewachsen sei, und wenn die Pferde und auch anderes Vieh davon frassen, mussten sie sterben. Dieses Pulver habe ihnen der Teufel gegeben, damit sie es verstreuten.

Zudem hat die obgenannte Ònna zugegeben, dass sie und die beiden schon Verurteilten und die Person mit Namen «etzetera» erst vor 5 oder 6 Wochen letztmals am «ballarot» gewesen seien, aber das habe weder ihnen noch anderen irgend einen Schaden zugefügt.

Als man sie fragte, warum sie die Hexerei nicht schon lange aufgegeben habe und ein ordentlicher Christenmensch geworden sei, hat sie geantwortet: sowohl ihre Mutter, als auch Susanna, hätten ihr so heftig zugeredet, sie solle ja fest bleiben und mit ihnen weiterhin alles Böse tun. Und der Teufel selber habe sie gar bös geschlagen, sicher dreimal.

Man hat besagte Ònna auch gefragt, ob sie nie den Priestern gebeichtet habe, dass sie eine Hexe sei und was sie Böses getan habe im Bund mit dem Teufel. Darauf hat sie geantwortet: Nein, denn der Teufel und ihre Mutter hätten gesagt, die Priester würden sie verklagen. Doch glaube sie, der Herrgott würde ihr sonst schon verzeihen; aber wenn sich eine Person einmal mit dem Teufel eingelassen und schon mit ihm zu tun gehabt habe, könne sie es einfach nicht mehr sein lassen, das Böse zu tun, so gerne sie es möchte.

Nach diesem letzten Bekenntnis hat besagte Ònna noch ganz erleichtert zugefügt: «Gott sei Dank, dass ich habe hierher kommen dürfen, um dies alles zu gestehen. Wie bin ich froh, dass ich die Wahrheit habe bekennen dürfen, und ich will bei dem bleiben, was ich gesagt habe. Und wie ich es vor Euch, meine Herren, bekannt habe, will ich es überall tun, auf öffentlichen Plätzen und wo sich die Gelegenheit ergibt. Und sollte ich es abstreiten, so lasst keine Gnade walten, fällt euer gerechtes Urteil, auch wenn ich den wohlverdienten Tod erleiden muss».

Mit den Worten: «Damit endet ihr Prozess» schliesst dieses fünfseitige Protokoll, und es wird durch zwei weitere ergänzt [34].

Ja, ja, – solches und noch Vieles mehr, gelang den Richtern, aus diesen doch armen Hexen herauszuquetschen. Was mit dieser Ònna geschah und den beiden Anderen, deren Prozesse anschliessend durchgeführt wurden und worüber die Akten ähnlichen Inhalts bestehen, das erfahren wir leider nicht, können es uns aber doch vorstellen! Doch:

> Angesichts des hier Gehörten, –
> wurmt nicht auch in dir die Frage:
> wie denn soll man alles deuten?
> Reinste Wahrheit? – Oder Sage?

Du herrliches Land der Sagen!

Wundersames Hochland der Burgen-, der Berg-, und Wald-
romantik, der hundert flutendurchschäumten Schluchten, –
Land der überraschenden Gegensätze, in dem die Wetter-
fichte über den Maisfeldern horstet und neben der Arve
die Edelkastanie sich angesiedelt, in dem das steinerne Her-
renhaus an der gleichen Gasse steht wie die Blockhütte des
Bergbauern, und wo der altväterische Kernlaut des Walser-
deutschen gleiches Heimatrecht hat wie das ehrwürdige
Romanisch der Karolingerzeit und die Sprache Italiens.

Und wie unter diesem Himmelsstrich, wo Mannigfaltig-
keit Bedingung ist, jede Talschaft zwischen ihren Berg-
mauern eine eigene Geschichte erlebt, so hat auch eine
jede ihre besondere sagenhafte Überlieferung aus räti-
scher, römischer, alemannischer Zeit, – hat sich hierzu-
lande treuer als anderswo bewahrt in allen Zungen, die
durch die rätischen Lande erklingen ...

Arnold Büchli
Nachwort zu Band 1 der
«Sagen aus Graubünden»

Einiges zum besseren Verständnis

1) Gemäss Hubschmid, Alpenwörter, ist «Crap» vorrömisch, somit keltisch, s. A. Schorta, Rätisches Namenbuch I / 111.

2) P. Clemente da Brescia, Istoria delle Missioni dei Cappuccini nella Rezia, Trento, 1711, Libro Sesto, Capitolo Secondo.

3) Dr. Andreia Grisch (1879–1952), gebürtig von Sur, aufgewachsen in Tinizong, studierte Naturwissenschaften, namentlich Botanik, und war nachher zeitlebens am eidgen. Institut für Samenforschung in Oerlikon, dessen Leiter er wurde. Nebst zahlreichen Publikationen naturwissenschaftlicher Art war er auch ein namhafter Lokalhistoriker und veröffentlichte in dieser Eigenschaft vor allem das hier so oft zitierte «En curt viada tras Surses e sia istorgia» (Eine kurze Wanderung durch das Oberhalbstein und seine Geschichte) und anderes, die Geschichte des Tales betreffend.

4) Dr. Caspar Decurtins, (1855–1916), wegen seines Einsatzes als Politiker und Nationalrat für die sozialen Belange auch «der Löwe von Truns» genannt. Hat um 1900 in ganz Romanisch Graubünden sowohl altes historisches und literarisches Schrifttum gesammelt, wie Märchen und Sagen, Texte von Volksliedern, Sprichwörter, Volksweisheiten usw. und es in 10 Bänden im Verlag Fr. Junge in Erlangen herausgegeben. Band X, 1914 erschienen, enthält die reiche Ernte für das Oberhalbstein.

5) Andreia Grisch, En curt viada : Gemäss Berichten von Leuten, die noch Zeitzeugen gekannt hatten, waren noch um 1840 an den Wänden manche Folterwerkzeuge aufgehängt, sogar die weisse Nonnenkleidung der letzten hier gefolterten Hexe. Gewusst hatte dies noch ein Baltisar Mareischen von Riom, dessen Vater einstmals Kreisweibel gewesen war und somit in seinem Dienst sehr oft diesen Raum betreten hatte.

6) A. Grisch, am selben Ort: Die Sage hat einen durchaus realen Hintergrund: wurde hier doch um ca. 1750 tatsächlich eine Missùia (Hexe) namens Barbletta gefoltert und als letzte Hexe zum üblichen Tod auf dem Scheiterhaufen verurteilt. Galgen und Richtplatz des Gerichts Oberhalbstein waren etwas ausserhalb Burvagn, der kleinen Fraktion von Cunter.

7) Während die Burg bereits viele Jahrhunderte vorher erbaut worden war, beschloss der Landrat erst um 1785, vom Erdgeschoss aus einen normalen Zugang zu erstellen. So gemäss A. Grisch, En curt viada.

8) A. Grisch: derjenige, der dies noch zu berichten wusste, habe es noch von dessen Tochter erfahren, da dieselbe 100 Jahre alt geworden und erst anfangs 1900 gestorben ist.

9) Der Raubritter von Marmels: hier haben wir wieder ein Beispiel, wie ein Teil der Sage auf geschichtliche Tatsachen zurückgeht und

beides im Laufe der Zeit durch die Phantasie der Leute vermischt wird. Die Geschichte mit dem Kardinal hat sich tatsächlich so ereignet, und zwar genau im Jahre 1193.Die Eroberung und Zerstörung der Burg hingegen geschah nachweisbar erst 1349, und dies durch die Leute des Bischofs Ulrich V. Und die Ursache dafür sollen nicht Schandtaten eines Raubritters gewesen sein, sondern sogar in der hohen Politik des Deutschen Reiches gelegen haben: weil die Herren von Marmels zum damaligen Königsanwärter Ludwig von Bayern hielten, der Bischof hingegen zum dann obsiegenden Rudolf von Habsburg.

10) In Furnatsch bei Sur steht eine Holzskulptur mit dem Motiv dieser Sage, geschaffen vom Künstler Daniel Cotti aus Sur in Ramosch.

11) Zu Val Faller: das eingewanderte Völklein sind die Walser, nach 1200 durch die Freiherren von Vaz vom überbevölkerten Wallis hergeholte, an härteste Verhältnisse gewohnte Leute, um die hier sehr spärlich besiedelten Gebiete zu bevölkern. Vor allem sollten sie in höheren Lagen roden und sich ansiedeln, da die Talgründe meist von Romanen bewohnt waren. Ein politischer Hintergedanke war aber auch, die Gebiete gegen Oesterreich hin und gegen die Habsburger zu stärken. Dazu s. diverse Publikationen von E. Meyer-Marthaler zur Walserfrage, hier auch A. Grisch: En curt viada tras Surses.

12) Ob diese Sage wohl durch einen besonders Phantasiereichen damals entstand, als 1618 im unteren Bergell das Städtchen Plurs durch einen Bergsturz begraben wurde? Bestanden doch manche Bande zwischen Plurs und unserer Region, weil die reichen Vertemati von dort hier Erzgruben, am Rothorn sogar Goldvorkommen, ausbeuteten. Und die Grossmutter des berühmten Majors und Landvogts Casper Frisch von Riom, der genau zu dieser Zeit lebte, war eine Pluserin, s. G.P. Thöni: Tgasper Frisch, Igl Noss Sulom, 1989 und 1990.

13) Livizung, auch Lavizung, scheint eine fast namhafte kleine Siedlung gewesen zu sein, denn noch um 1640 wird sie von den kurz vorher in der sogenannten Rät. Mission ihre Tätigkeit aufnehmenden Kapuzinergeistlichen ausdrücklich als das von ihnen betreute «Rovena e Lavezzon» erwähnt, s. P. Clemente da Brescia, Istoria delle Missioni de' Capuccini nella Rezia, Cap. Quarto. Demnach scheint die Zerstörung der Siedlung erst später erfolgt zu sein. Offenbar setzte die Rüfe nur den Schlusspunkt unter eine bereits seit langem herrschende Plage infolge von ständigen Verwüstungen durch den Wildbach aus dem Tscharnoz-Tälchen, was dann die restlichen Bewohner erst jetzt zur endgültigen Aufgabe der einstigen Siedlung zwang.

14) Das Dorf Rona bestand damals aus drei kleinen Fraktionen: Rona auf dem Hügel, Rieven in der Talebene rechts des Baches Julia – Rieven heisst «Ufer» – und Livizung am jenseitigen Hang. Kirchlich gehörte das Dörflein lange zu Tinizong, mit dem es sich erst im Jahre 2000 auch politisch vereinigt hat.

15) Die Sage könnte durchaus entstanden sein in einem gewissen Zusammenhang mit jenem tatsächlich erfolgten riesigen Bergsturz von 1580, als die herunterstürzenden Erdmassen den heute von Wald überwachsenen Riegel zwischen Tinizong und Rona aufschütteten, oben die Julia stauend, sodass sie Unterrona überflutete, und etwa damals sogar Livizùng? Bis nach Tinizong hinunter und zum Dorfteil Ruégna sollen Schlamm und Wasser gedrungen sein. s. A. Grisch, En curt viada tras Surses.

16) Letztmals wütete diese wohl schlimmste Geissel des Mittelalters hier bei uns um 1629/30 und hielt furchtbare Ernte. Nur ein Beispiel: In Savognin hat der eifrige P. Peter Bachalaureus im Totenregister verzeichnet, es seien nur vom 1. Oktober 1629 bis 28. November 331 Menschen an der Pest verstorben. In Salouf führte man die Toten mit Ross und Wagen zum Friedhof hinauf. Das Tier habe nach und nach den Weg so gut gekannt, dass es ohne Führung die Ladung an den richtigen Ort brachte, wo der Mesmer die Toten bestattete, das Ross aber ganz allein ins Dorf zurückkehrte. Beispiele aus: Gisep Sigron: La pesta 1611 e 1629, Codesch da lectura II, 1931.

17) Über dieses Kruzifix aus dem 13. Jahrhundert s. E. Poeschel, Kunstdenkmäler des Kantons Graubünden, Bd.2, und Pfr. Duri Lozza, Cronica dalla pleiv Salouf, S. 67.

18) Hinter dieser Geschichte scheint ein tatsächliches Begebnis zu stecken. Denn von einem solchen Pfarrer, der um 1600 lebte, verheiratet war und sieben Kinder hatte erzählt auch P. Clemente da Brescia , s. Fussnote 2.

19) Die Edeln von Fontana waren schon ab 1350 die Verwalter des bedeutenden bischöfichen Hofes in Salouf und vier von ihnen nach 1450 im Auftrag des Bischofs Landvögte auf dessen Burg Riom. So um 1499, zur Zeit des Schwabenkrieges, auch Benedikt, der in der Schlacht an der Calven im Münstertal den Harst der Gotteshaus-Truppen befehligte und bei der Erstürmung der durch die Österreicher errichteten Talsperre bei Mals, von einer Kanonenkugel getroffen, fiel. Verschiedene Publikationen zum Schwabenkrieg, die neueste G. Peder Thöni: Die Familie Fontana von Salouf, ein berühmtes Geschlecht, 1999.

20) Geschichtlichen Quellen zufolge hatte sich in den Dörfern des Oberhalbstein ein ansehnlicher Teil der Bevölkerung bereits dem neuen Glauben zugewendet. Dies erfährt man sowohl aus den handfesten Streitigkeiten in Bivio, – das dann zur Hälfte reformiert blieb – in welche sogar der Bundestag, die Versammlung der Vertreter aller Drei Bünde – mehrmals einschreiten musste. Ein Bild der verwickelten Lage vermittelt auch die «Geschichte der Kapuzinermission in Romanisch Bünden» von P. Clemente da Brescia. In den Gemeinden von Mulegns aufwärts gebe es z.B. – dies um 1630 – unter 600 Seelen 200 Protestanten. In Bivio waren gemäss derselben Quelle 67 Katholische, 27 Protestanten und 100 «Fremde»,

in Marmorera allein 108: 20. 1806 wohnten in Bivio nur mehr 3 katholische Familien, s. A. Grisch, En curt viada tras Surses.

21) *Bàiva, Bèiva ist der romanische Name für Bivio. Dieser kommt von «bi-via», was Scheideweg heisst, weil sich hier die beiden Wegzweige über Julier und Septimer trennen.*

22) *In verschiedenen Sagen erscheint dieser Kuhpansen unter dem Begriff «buttàtsch cun îgls», also «der Kuhmagen mit Augen».*

23) *Der romanische Name für diese Wildfrauen: «las viaulas da Faller». In den Sagen der deutschsprachigen Gebiete heissen sie etwa «die Fänggen».*

24) *Der Sèptimer – dem Namen nach «der Siebente» - war schon vor, zur und nach der Römerzeit ein viel begangener Pass für den Handelsverkehr von Norden nach Süden. Auf der Südseite sind noch Teile des Römerweges sichtbar. Bereits um 831 werden die Kirche St Peter und das Hospiz erwähnt, und zugunsten des Unterhaltes dieser für Kriegszüge wie für Wanderer, Pilger und Kaufleute wichtigen Unterkunft haben sie sogar die deutschen Kaiser um 1200 mit namhaften Einkünften aus ihnen vermachtem Landbesitz im Bergell beschenkt, ebenso von jeglichen Abgaben befreit. Als um 1630 die Kapuziner in Bivio die Pastoration übernahmen, waren die Gebäude schon vollends zerfallen. Dazu s. Fr. Jecklin, Urbar des Hospizes St. Peter auf dem Sèptimer, Chur 1915, sowie andere Literatur.*

25) *Die Patres der sog. Rätischen Kapuzinermission versahen die Pfarrei Riom – zusammen mit Cunter und zeitweise Parsonz, von 1647–1726. s. Pfr. Chr. Willi: Die Kapuzinermission in Romanisch Bünden.*

26) *Der Brauch wurde tatsächlich noch bis in den Jahren um 1940 getreulich geübt. Dass er aber auf die Vertreibung der letzten Kapuziner zurückgehen soll, wonach diese Riom im Streit verlassen hätten, stimmt freilich nicht. Nichts davon weiss nämlich der Verfasser der Geschichte der Kapuziner, P. Clemente da Brescia: Istoria delle Missioni dei Capuccini nella Rezia, 1711. Die Abtretung der Pfarrei an die Weltgeistlichen geschah in bestem Einvernehmen. Und dass der verheerende Brand von 1864, der dann das halbe Dorf einäscherte, die Folge einer Verwünschung durch jene Kapuziner wäre, glaubt kein Mensch. Viel zu sehr waren diese uneigennützigen Geistlichen geschätzt. Ebensowenig wird ein Zusammenhang gesehen mit den fünf Jahre später allgemein in der Gegend wütenden furchtbaren Gewittern jenes Sommers, als auch der Dorfbach seine Zähne durchaus gefletscht haben mag, aber offenbar ohne grösseres Unglück zu verursachen.*

27) *Gemäss Bewertung von 1950 galt eine Golddublone um 1600 Fr. 16.–, um 1700 Fr. 18.– und um 1777 schon 22 Franken. Der Blutzger entsprach etwa dem heutigen Zehnräppler. 3 Pfennige machten 1 Blutzger aus. Gemäss J. A. von Sprecher, Kulturgeschichte der Drei Bünde, Neubearbeitung mit Ergänzungen durch R. Jenny, 1951, s. Anhang.*

28) *Caspar Frisch bekleidete zweimal das Amt des bischöflichen Verwalters – Landvogt genannt – , nämlich von 1637–39 und 1646–48. Ihm folgten 30 Jahre später zwei Söhne in diesem Amt. Caspar machte militärische Karriere in spanischen Diensten, zeichnete sich während der Bündner Wirren (zur Zeit des 30jährigen Krieges) unter Herzog Rohan und Jürg Jenatsch aus und verewigte sich auf der Gedenktafel im Kirchlein Del mit: «Caspar Freisch, Capitani Maior et Landtuott, 1638». Seinem Gelübde gemäss stiftete er ziemlich sicher grosszügig die nötige Summe, um das Kirchlein – es umfasste bisher als Kapelle nur den heutigen Chorraum – durch einen Anbau zu vergrössern und vor allem, um die Wände des Chores mit eindrücklichen Christus- und Apostelbildnissen zu verschönern. Hierzu Literatur: Thöni G.Peder, Tgasper Frisch, igl erox da Sés, Igl Noss Sulom 1989 und 1990.*

29) *«Pizòchel» sind eine uralte währschafte Bündner Mehlspeise und entsprechen den «Spätzli». Nur sind die Bauern-Pizòchel um einiges dicker, da vom Spätzlibrett geschnitten.*

30) *Die Schluss-Silbe «-ìgn-» gibt die Verkleinerungsform eines Gegenstandes oder, wie hier, eines Namens an. Der Name «Plasch» (gesprochen Plaasch) bedeutet «Blasius», und «Plaschìgn» wäre somit «Klein-Blasius». Es kam sehr oft vor, dass jemand zeitlebens mit der Diminutivform seines Namens behaftet blieb, auch Frauen. Gut bekannt dürfte das für «Anna» stehende «Annigna» sein. Plasch war ein in Tinizong oft verliehener Taufname, weil der hl. Blasius hier der Kirchenpatron ist.*

31) *«Sumvéi» = «sessom igl vitg» = zuoberst im Dorf, ist eine der drei Bezeichnungen für die «Quartiere» des Dorfes. Es geht zurück auf eine offenbar schon römische Einteilung der Ortschaften, hier auf lat. «summum vicus». Die beiden anderen sind «Mezvéi» = mitten im Dorf und «Demvéi» =(«giudém igl vitg» = zuunterst im Dorf). Erhalten ist die Bezeichnung noch deutlich im Dorfnamen Sumvìtg (Somvix) im Bündner Oberland.*

32) *Die Lägel, rätorom. «la barél, barégl, barìgl» war ein in länglicher und ovaler Form angefertigtes Fass, damit es dem Saumross bedseitig aufgeladen werden könne, um es über die oft nur auf Pfaden begangenen Bergpässe ins Land zu bringen. Sie mochte etwa 1 Saum, also ca. 45 Mass halten (1 Mass = 1,35 l), wobei es natürlich auch kleinere Lägel gab. s. J. A. von Sprecher: Kulturgeschichte von Graubünden im 18. Jahrhundert.*

33) *So betiteln sich wörtlich die einzigen hier noch vorhandenen Protokolle über jene Hexenprozesse, die vom Dezember 1653 bis Juni 1654 in Bivio durchgeführt wurden. Und ihnen sind die hier verzeichneten Fakten entnommen, allerdings nur ein sehr, sehr kleiner Teil davon. Doch immerhin, um einen Einblick in jene mehr als skurrile Welt des Hexenwahns(inns) zu gestatten. Die Abschrift des Dokumentes erfolgte durch den Sammler Casper Decurtins anhand eines «Ineditum nach Ms. BMa», also nach einem vorhandenen, aber noch nicht veröffentlicht gewesenen Manuskript im*

Besitz dieses BMa und welches sich im Archiv Bivio befindet. Stammen mochte das Dokument einmal durchaus aus der Hinterlassenschaft eines verwandten Vorfahren dieses BMa, der möglicherweise Landvogt oder Richter gewesen war. Denn selten gab es schon ein Gemeindearchiv, sodass die Amtspersonen die Dokumente daheim aufbewahrten, wo sie dann oft auch liegen blieben. Geschrieben ist es im Romanisch des 17. Jahrhunderts, in einem Gemisch der Lokalidiome des Oberhalbstein, Oberengadin und von Bivio/Marmorera, und in einer schier grenzenlos willkürlichen Rechtschreibung, was begreiflich ist, da es noch gar keine festgelegte Schreibweise gab.

34) *Eine Bearbeitung dieser Protokolle in verständlicherer Sprache und Schreibweise s. Sulom Surmiran 2002: G. P. Thöni, Da stréias, striùns e strign (Von Hexen, Hexenmeistern und Hexenwerk). Mit Ausnahme eines privaten Berichts über den Prozess einer Maria Ursula Capadrutt 1779 – s. ebenfalls obige Quelle - sind diese Protokolle die einzigen schriftlichen Zeugen für sogenannte «Hexenprozesse» in der Region Surmeir. Zu bedauern ist, dass mit der Aufgabe der Burg Riom als Sitz des Hochgerichts Oberhalbstein – doch vermutlich schon vorher – etwa vorhanden gewesene Akten verschwunden sein mögen.*

Orte, wo die Sagen spielen

Bivio	Cam(p)fèr, Sieg der Rätier über die Römer
	Caesar auf dem Julierpass
	Wie der Kuckuck aus der Not half
	Die genarrten Schatzsucher
	Die Briganten auf dem Septimer
	Die Bergjungfrauen auf dem Julier
	Das Räubernest auf dem Septimer
	Der Quellengeist von Bìvio
	So viele Schandtaten kamen ans Licht
	Was Hexen alles gebeichtet haben
Burvagn/Cunter	Die Schlange von Barnagn
	Das Nachtvolk bei der Gneida
	Die Räuber am Crap Ses
	Die unsichtbare Hexe
	Der verhexte Hirsch
	Was Hexen alles gebeichtet haben
	Die verschüttete Stadt Tect
Del/Salouf	Die Räuber am Crap Ses
	Von Tapferkeit und Versagen
Marmorera	Die unseligen Dublonen
	Der Raubritter von Marmels
	Das geheimnisvolle Turmtor
	Die Ausrottung der alten Jungfern
	Wie der von Marmorera den Teufel enthörnte
	Egn da Marmorera scorna igl diavel
	Was Hexen alles gebeichtet haben
	Was nicht schon alles geschah
Mulegns/Faller	Der verhexte Geissbock
	Der Einsiedler in Val Faller
	Die Wildfrauen im Val Faller
	So viele Schandtaten kamen ans Licht
	Geister im Val Faller
	Die hübsche Fänggin auf Alp Sblogs
Oberhalbstein	Wie der Piz Ela sein Loch bekommen hat
	Was nicht schon alles geschah!
	Der Martinsgrat
	Gottes gerechte Strafe
Parsonz	Der Unheimliche am Weg nach Parsonz
	Die Kindsmörderin
Riom	Der letzte Vogt auf Burg Riom
	Die Streiche der letzten Hexe
	Wehe, wer da gefangen sass!
	Die bestraften Hexen

Zur Klärung der Aussprache

Für jene, welche nicht wissen können, wie die romanischen Namen – vor allem handelt es sich um Orts- und lokale Namen – ausgesprochen werden müssen, sei hier eine kleine Hilfe geboten.

Eine besondere Schwierigkeit bieten vermutlich die folgenden Laute:
- Sehr häufig tritt im Idiom von Surmeir der Doppelvokal -ou- auf, wie er am typischsten im Lokalnamen Sal**ou**f erscheint. Da liegt die Betonung immer auf dem **o,** somit wie etwa im «mou, mou !» (wohl, wohl) beim Berner Dialekt. Und der Laut wird auch nie «französisch» ausgesprochen, also «ou = u».
  Im Unterhalbstein, also dem Albulatal, ist dieser Laut soz. von Dorf zu Dorf verschieden, nämlich «èu, éu» in Vaz und Alvaneu, «au» in den übrigen Dörfern.
- Eine Schwierigkeit für sich bietet das weiche **g** in **g**(i), **g**(e) , **g**(ia), **g**(io) und **g**(iu). Die Verlautlichung wird am besten sichtbar im Italienischen pà**g**ina, **G**énova, **Gi**àcomo, **Gio**vànni, **Giu**sèppe.
- Dasselbe gilt für den verwandten, verstärkten Diphtong **tg**. Seine Parallelen im Italienischen: cà**cc**ia, brà**cc**io, capri**cc**io.
- Desgleichen das Palatale **gn** , also das «zerdrückte» **n** betreffend, entsprechend dem Italienischen: bà**gn**o, Livì**gn**o, ré**gn**o.
- Das ähnlich «zerdrückte» **gl** vor Vokal: auch dieses ist am einfachsten erklärt durch Bezug zum verwandten Italienischen, etwa in: sba**gl**iàre, cò**gl**ere, sve**gl**iarino.
- **Nicht** wie im Italienischen wird hingegen **ce** und **ci** ausgesprochen, sondern als deutliches **z**. Beispiele: pro**cé**der, de**cì**der, **ci**vìl.
- **v** ist im Romanischen das deutsche **w**, so in b**o**va, B**e**iva.
- Nicht besonders gekennzeichnet wird hingegen offenes oder geschlossenes ò, o und è, e.

Für den damit nicht Bewanderten bereitet vielleicht die richtige Betonung bei den Lokalnamen der Ortschaften etwas Mühe. Eine gewisse Hilfe sei dadurch geboten, indem dort, wo es nötig erscheint, somit der betonte Laut durch einen kursiv gedruckten Buchstaben gekennzeichnet ist, damit man also C*u*nter und nicht Cunt*e*r ausspreche, B*i*vio und nicht Biv*i*o, roman. B*è*iva, obschon letzteres vom lateinischen biv*i*a (Weggabelung) herrührt. In gleicher Weise werden daher besonders romanische lokale oder unübliche Namen von Personen verdeutlicht.

Wo die Sagen im Buch zu finden sind